SOMMAIRE

Le sein de ta mère

Tu es né, tu es là. Minuscule bout d'homme. Petit gars au chocolat. Tu brailles, tu as faim. Tu tètes goulûment, accroché au sein de ta mère.

Rien, jamais, ne t'en délogera.

Adresse

Tu as presque six ans, le cœur tendre et la gâchette facile. Sous le feu de tes canons pointés vers eux, tes ennemis de papier tremblent et se défilent. Tu leur caches ton pouce pour t'endormir, ta soif de gros câlins et ta peur de la nuit.

Tu ne tiens pas en place. Tu sautes, tu remues, sans savoir te calmer. Il n'est pas un bruit que tu ne saches imiter, de préférence celui des moteurs et des coups de carabine. Tu ressembles à un dessin animé à toi tout seul, tu bouges par saccades et tu t'exprimes par bulles. Tu aimes le chocolat, la crème Chantilly, la télé, les motos, la bagarre, les Playmobil, les épées et Walt Disney. Tu admires ta sœur et tu méprises les filles. Tu es un petit garçon. Le mien.

Un héros n'a pas de maman qui l'aime.

Ce serait incongru. Contraire aux règles qui régissent l'univers impitoyable des personnages qui te font vibrer : Goldorak, les Chevaliers du Zodiaque, les tortues Ninja... et j'en oublie sans doute. Tu n'es pas tout à fait trempé dans le même acier : à la moindre bosse, tu te réfugies dans mes bras en pleurant. Un baiser te suffit pour repartir au combat. Plus tard, d'autres dulcinées sauront mieux que moi te consoler. Il est trop tôt encore pour que tu en conviennes.

Que tu pousses grand et fort est mon seul désir, mais chaque minute qui passe, je voudrais retenir ton enfance. Tu es si fragile, si petit. J'aime tes mouvements malhabiles, tes airs bravaches, tes larmes qui pointent lorsque je gronde un peu fort. J'aime ta confiance en moi, tes certitudes naïves, ton mauvais caractère, tes rires, tes joies, tes mots comiques, la malice au fond de tes yeux. J'ai hâte que tu grandisses et j'aimerais figer ces instants fugaces : tu vas m'échapper mais tu as encore peur de l'envol. Sept ans, l'âge de raison... Nous avons encore quelques mois de répit avant que tu ne deviennes tout à fait raisonnable.

Souvent je t'observe à ton insu. Visage fin, grands yeux bruns bordés de longs cils, membres graciles où le bébé le dispute encore à l'enfant. Je fais semblant de soupirer.

— Quand je pense qu'un jour tu seras plus grand que moi... Tu auras de gros pieds, de grosses mains, des poils partout et tu me regarderas de toute ta hauteur.

Cette image nous fait rire tous les deux aux éclats comme s'il s'agissait d'une bonne blague, improbable. Je m'interroge quand même. Vingt-cinq ans en l'an 2010... Quel homme seras-tu ? Un de ces golden boys, chemise rayée, cravate club, la semaine à la Bourse, le week-end sur les greens ? Un baroudeur aventurier, bronzé toute l'année, Paris-Dakar l'hiver, trekking au Népal l'été ? Un technocrate austère, costume sombre, lunettes cerclées, la bouche pleine de chiffres et de statistiques ? Seras-tu flic ou fonctionnaire, journaliste ou chômeur, colonel ou politicien, étudiant attardé ou vendeur de fringues, musicien ou diplomate ? Marié, père de famille, célibataire, homosexuel ou Don Juan ?

J'ai du mal à t'imaginer avec vingt ans de plus, sauf à te voir heureux. Bien dans ta vie. Indépendant. Mais quand tu auras depuis belle lurette quitté les Levi's de ta mère, m'en voudras-tu beaucoup si je te demande encore de mettre ton écharpe car dehors il fait froid ?

D'ordinaire ce sont les petits garçons devenus grands qui se souviennent avec tendresse et dévotion de leur maman irremplaçable. Mettons qu'ici j'inverse la tradition. Je fixe nos souvenirs et j'anticipe ton avenir. Je me pose des questions sur la façon dont je t'élève et je ne trouve pas toujours les réponses. Je me demande ce que tu vas retenir de mon empreinte.

Certes, j'aurais pu choisir ta sœur comme destinataire. D'ailleurs je l'imagine déjà, protestant contre cet arbitraire.

— Pourquoi *lui* et pas *moi* ? dira-t-elle, indignée. Je le savais, c'est lui que tu aimes le mieux....

Qu'elle se rassure. Je ne t'aime pas mieux qu'elle ni plus. L'amour maternel, me semble-t-il, ignore les préférences.

Pourtant, c'est à toi que j'écris.

Je t'écris pour réparer une injustice. Parce que l'éducation des petits garçons est trop négligée aujourd'hui. Après des siècles d'indifférence et trois décennies de féminisme, les petites filles tiennent le haut du pavé. Nous, les mères, nous nous occupons trop d'elles et les garçons sont à la traîne. Une fois adultes, vous restez petits. A travers toi, c'est à tous tes contemporains que je m'adresse, ceux qui, comme toi, seront des hommes au siècle prochain.

Je t'écris pour essayer de t'apprendre à grandir.

Je t'écris pour t'aider à surnager dans une époque difficile pour toi. J'ai cru, comme beaucoup, à l'émergence d'un monde où triompherait l'égalité entre les sexes. La réalité est tout autre. Après deux millénaires de patriarcat, tu risques d'être un homme, un père, un amant, dans un siècle de féminité triomphante. Comment vas-tu t'en arranger ?

Je t'écris pour te parler des femmes.

Je t'écris parce que l'enfant que tu es me fascine. Je n'ai pas eu de frère. Jusqu'à toi j'ignorais ce qu'était un petit garçon. En te regardant, je pense à Bernard Lermite, le héros des bandes dessinées de Martin Veyron, murmurant à un bébé fille :

— Dis, ma petite, je compte sur toi pour expliquer à ton papa les mystères de ton sexe.

Je t'écris pour mieux te comprendre.

Je t'écris parce que tu es à l'âge formidable où l'enfance est encore ingénue : un pas tout à fait grand, plus tout à fait petit.

Je t'écris parce que tu m'émerveilles.

Je t'écris parce que tu es un petit frère. Toujours deuxième. Souvent floué.

Je t'écris pour qu'une fois au moins tu sois le premier.

Je t'écris parce que plus tu avances et plus j'ai peur pour toi. J'ai l'impression que toute l'éducation aujourd'hui se résume aux mises en garde. « Attention à la drogue, attention au sida, attention quand tu traverses. » Pourtant j'aurais adoré t'offrir un monde meilleur, à l'image de celui dont je rêvais, enfant. Ce n'était pas faute d'avoir essayé.

Je t'écris pour te protéger.

Je t'écris parce que j'ai envie de te raconter mon passé, mes racines. Ce qu'on m'a transmis. Ce que je voudrais, à mon tour, te transmettre.

Je t'écris pour te parler de moi.

Je t'écris pour t'exprimer mes doutes, au nom d'une génération, la mienne, qui s'interroge sans cesse sur son rôle de parent. Les nôtres n'avaient pas ces scrupules.

Je t'écris pour faire un bilan de mes incertitudes.

Je t'écris enfin parce que je t'aime.

Par là, sans doute, aurais-je dû commencer.

Enfance

Pour toi, je suis figée comme sur un cliché. Immuable. Maman Chérie, la plus belle du monde. Tu ne me vois pas vieillir. Ça me flatte. Tu ne m'imagines pas non plus enfant. C'est normal. Je suis née à ta naissance, tu n'en démordras jamais.

Si je te raconte « quand j'étais petite », tu ouvres de grands yeux. Tu attends la suite. Tout juste si tu ne me demandes pas si je portais des robes à panier comme dans *Les Trois Mousquetaires,* si je vivais au temps des fées ou des dinosaures. Moi qui ai à peine terminé de grandir, qui vis mes premières rides comme une erreur de la nature, j'ai du mal à accepter qu'à tes yeux j'appartienne déjà à la Préhistoire.

Tu ne t'en doutes certainement pas, mais comme le héros de « Big » ou comme Alain

Souchon, j'ai le sentiment d'avoir conservé mes dix ans bien à l'abri dans un corps d'adulte. Ils ressortent de temps en temps : je sais encore comprendre le Pipicaca sans sous-titres. J'aime quand tu me prends pour une magicienne parce que j'ai deviné tes pensées, alors que j'ai simplement bonne mémoire.

« Mais comment tu le sais ? » est la phrase que je préfère. Je prends alors un air entendu qui contraste avec ton visage étonné. Tu me soupçonnes de pouvoirs illimités. Je me garde bien de te contredire.

Te faire rire est un jeu d'enfant. Tes bêtises m'enchantent même si je feins de me fâcher, je m'extasie devant tes bons mots involontaires. Je suis le meilleur des publics.

Tu te vexes, tu crois que je me moque de toi. Bien au contraire. En vous regardant vivre ta sœur et toi, j'ai la nostalgie de votre insouciance, de vos fragilités, de votre toute-puissance. Je compare votre enfance à la mienne. Elles ne se ressemblent guère. Comme vos contemporains, vous êtes des enfants-rois. Vous avez un avis sur tout. On vous écoute, on vous considère, jusqu'à la caricature parfois. Dolto est passée par là. Dans les années cinquante, les grands et les petits ne se mélangeaient pas. Les uns commandaient, les autres obéissaient sans mot dire. Je me taisais aussi.

Allez, je lève le voile sur le grand mystère. Moi aussi, j'ai commencé bébé. Un corps nu et dodu posé sur un couvre-lit à fleurs, de grands yeux sombres écarquillés sur le monde extérieur, une photo noir et blanc, c'est tout ce qui reste des premiers mois de ma vie. L'album de famille n'est pas plus prolixe. Quelques clichés d'une fillette timide, un peu solitaire, souriant rarement devant l'objectif et voilà. Je les garde précieusement, ils sont les seuls témoins de ma vie d'avant, celle des dinosaures.

Tu veux savoir comment j'étais ? Sérieuse, attentive, réfléchie. Je goûtais par-dessus tout la lecture. A ton âge, j'avais déjà dévoré la moitié de la Bibliothèque Rose. Je ne remercierai jamais assez mes parents de m'avoir précocement fait découvrir les livres. C'est le vrai, le seul antidote à l'ennui. J'aimais aussi les poupées et l'école. Je portais des robes, des collants de dentelle, des chaussures vernies, des rubans roses à mes couettes. Mes tenues étaient scrupuleusement identiques à celles de ma cadette. Nous étions deux petites filles modèles, sages, tranquilles, copies conformes. Tellement mignonnes.

J'enrageais. Je préférais les jeans, les baskets, les grands pulls que ma mère tricotait à la main. Je voulais qu'on me prenne pour un garçon. J'aurais adoré avoir un frère. J'allais à l'école de filles, j'avais une sœur, des copines, une bonne : le monde masculin restait pour moi le grand inconnu, représenté seulement par mon père avec lequel je ne vivais pas. Je mourais d'envie d'appartenir à la confrérie des courageux, des forts, des agiles. Ils avaient tous les droits. Ils jouaient à la guerre, savaient faire des cabanes, tailler des bouts de bois en épées, imiter les bruits de moteur, grimper aux arbres, courir très vite. Ils lisaient *Tout l'Univers,* j'étais abonnée à *Lisette*. Ils n'avaient peur de rien. Moi, j'avais peur de tout.

On me répétait :

— Fais attention. Regarde où tu marches. N'y va pas, c'est dangereux.

J'étais la prudence même. Je n'osais pas escalader un mur, monter à la corde raide, plonger, nager sous l'eau, marcher sur une poutre. A l'école, j'étais bonne dernière en gym. Même pas fichue d'être un garçon manqué. Plus tard, ils seraient aviateurs, pompiers, cavaliers, aventuriers : des métiers que je rêvais d'exercer. Des métiers pas pour les filles. Sale injustice. Tout ce que j'aimais leur était réservé.

Alors je trichais avec mon sexe. Je m'identifiais à Claude, l'héroïne androgyne du *Club des cinq*. Je méprisais un peu le clan des chipies, des fillettes. Malgré moi j'y appartenais, j'en respectais les règles. Je menais une double vie.

Pour Noël, je commandais des Barbies, des grosses poupées de plastique aux yeux bleu porcelaine et aux cheveux filasse, des dînettes, des maisons aux meubles miniatures, des vêtements minuscules que ma grand-mère confectionnait avec les chutes des tissus employés pour nous habiller. Je jouais avec ma sœur à la marelle, à la corde, à l'élastique, à la délo « les pieds dans l'eau », au papa et à la maman. Nous avions une grande famille : plus de quinze enfants. On les asseyait par terre, autour de la chambre, bien calés contre le mur. Ma sœur faisait la mère. Elle les baignait, les langeait, leur chuchotait des mots tendres. De temps en temps, elle se fâchait, pour l'exemple.

— Je vais en parler à ton père.

C'était moi. Assise à mon bureau, je travaillais, j'écrivais. Il ne fallait pas faire de bruit, je criais quand on me dérangeait. Je distribuais punitions et réprimandes. Puis je m'adoucissais. J'emmenais toute la famille se balader en voiture. Nous nous entassions sur le lit, les enfants derrière, les parents devant. Je prenais le volant. De temps en temps, je me retournais et menaçais les plus dissipés. Je savais gronder. N'étais-je pas le père ? A d'autres moments, je rentrais dans le rang. Je devenais moi aussi mère de famille. « Madame Suzanne » et « Madame Alice » bavardaient de choses et d'autres pendant que leurs enfants jouaient.

Je croyais aux contes de fées. J'aimais les belles histoires. Celles qui se terminent bien.

« Ils se marièrent et eurent beaucoup d'enfants », me faisait soupirer d'aise.

J'imaginais la vie au château. Le prince irait à ses affaires, monté sur son grand cheval blanc. Tout le jour, il s'occuperait de la marche du royaume. Le soir il rentrerait chez lui, fourbu, heureux de retrouver les siens. Sa tendre épouse lui raconterait les faits et gestes de sa progéniture. N'était-ce pas ainsi que tout le monde vivait ?

Plus tard, moi aussi je me marierais. Ma grand-mère, ma mère me le souhaitaient. C'était le but suprême de toute jeune fille bien élevée. Un avenir sans mari n'était pas envisageable. Le mien serait fort et protecteur comme il se doit. J'aurais des enfants bouclés et souriants. Je connaissais leurs prénoms à l'avance. Je savais au détail près l'agencement de leurs chambres. Inlassablement, je redécorais ma maison à la campagne. Vie paisible. Des chats, des chiens, un cheval peut-être. Mon plan de vie était tout tracé. Je rêvais d'une vraie famille. Pas déchirée comme la mienne.

On ne me détrompait pas. Pis, on m'incitait à la normalité. Surtout ne pas faire de vagues. La vie, c'était ce qu'il fallait vivre et non ce que, à mon grand désespoir, je vivais. Alors, j'aimais les familles. J'en dessinais sur mes cahiers d'écolière. Je dévorais le carnet mondain du *Figaro,* à la rubrique « Naissances ». Je découpais les publicités avec des pères, des mères, des enfants. Ensemble.

La famille Six de Savoie avait ma préférence. Dans les journaux et sur les boîtes de fromage, on voyait six chenapans hilares et remuants. Leur bonne santé crevait les yeux : on les dopait à la crème de gruyère. Je leur inventais des surnoms, je leur attribuais des qualités, des défauts. J'aurais voulu être une grande personne et m'approprier cette fratrie joyeuse. Je les entassais dans mes tiroirs secrets, entre les pages des journaux intimes que ma sœur enrageait de ne pas pouvoir lire.

Plus tard, bien plus tard, la famille m'a révoltée. De « Familles je vous hais » à « Family Life », j'ai brûlé ce que j'avais adoré. Je ne m'en suis pas tout à fait remise.

Adolescence

En 1968, j'avais treize ans. Au mois de mai, ma vie d'enfant sage s'est tout d'un coup écroulée. Je suis entrée dans l'adolescence.

Jusqu'alors, je jouais encore à la poupée malgré mon soutien-gorge Teen-Form flambant neuf. Je portais un cartable à dos, j'aimais les car-en-sac, les boules de coco, les émissions pour la jeunesse du jeudi après-midi, les Beatles et surtout Paul. Je découvrais mes premiers livres de poche : Pagnol, Pearl Buck, Mazo de la Roche, Margaret Mitchell, A.J. Cronin.

A huit heures vingt-cinq tous les matins, je franchissais une lourde porte de verre, cuirassée de fer forgé. Mon lycée. C'était un vaste bâtiment gris et sévère, arrimé au cœur du seizième arrondissement comme un vieux paquebot immobile. L'équipage y était exclusivement féminin. Un vrai gynécée où seul le savoir primait. Nos belles journées s'y écoulaient, toutes semblables.

Selon les semaines, nous arborions des blouses beiges ou roses qui dissimulaient nos vêtements d'enfants gâtées : shetlands importés de Londres, kilts écossais découvrant audacieusement les genoux, chemisiers de crépon rayé. Les mini, les pantalons étaient interdits. Toute infraction relevait du conseil de discipline. Pas de maquillage non plus, ni de coiffures « zazous ». Les récalcitrantes — un soupçon de rouge aux joues, une tignasse rebelle aux barrettes — finissaient l'heure de cours dans les toilettes où à l'étude.

A la cantine, jamais de batailles de petits-suisses, ni de tennis-frites. Nous rivalisions de bonnes manières, nous coupions délicatement la viande, nous nous passions les plats à tour de rôle, il en restait toujours suffisamment pour les bouts de table. De vraies demoiselles de bonne famille, fin prêtes pour les dîners en ville. A peine avions-nous l'autorisation de parler.

L'autorité nous tétanisait. Un « Mademoiselle, où allez-vous ? » lancé dans un couloir glacial avait sur nous l'effet d'un gaz paralysant. Nous nous sentions coupables avant d'avoir rien commis de répréhensible. Pionnes, surveillante générale, censeur, proviseur, directrice, professeurs : autant de gardes-chiourmes qui nous faisaient trembler. Pas moyen d'échapper à leur emprise, l'insolence n'était pas tolérée. Cartes de sorties, carnets de notes, heures de colle, tableaux d'honneur, leçons, devoirs, prix d'excellence... nous vivions dans un petit monde clos et suranné, entre Molière, Cicéron et Montaigne. Anouilh semblait le comble de la modernité. Les éléments extérieurs n'avaient pas droit de cité. A la récré, nous échangions des quarante-cinq tours et des badges. Nous parlions de films, de télé, de livres et des futures boums où bientôt on nous inviterait.

A quoi rêvent les jeunes filles ? Nous rêvions aux garçons. En particulier à ceux du lycée voisin. Deux rues à traverser, trois tours de roues de mobylette. Les plus chanceuses y avaient un frère, qui lui-même avait des copains. On les apercevait les jeudis après-midi quand nous allions goûter chez elles. Ils jouaient de la guitare, écoutaient les Rolling Stones trop fort pour nous faire enrager.

Cependant nous ne prisions guère les duveteux de notre âge. Notre intérêt pour le sexe fort commençait en classe de seconde. Du haut de notre expérience, nous affirmions qu'à treize ans, « ils » n'étaient pas assez « mûrs ». Mais comment faire pour aborder ces dieux lointains rejouant *L'Équipée sauvage* sur leurs vélosolex ? Nous les croisions au « Murat Délices », le magasin de bonbons du boulevard, qui entre autres merveilles vendait des caramels à un centime pièce et acceptait les tickets de bus en guise de paiement. Ils nous bousculaient. Nous faisions semblant de les mépriser. Mais un mot de l'un d'eux, si anodin fût-il, nous tenait une semaine en haleine.

Tout cela te fait rire ? Contrairement à toi, la mixité nous était si peu naturelle.

Avec le mois de mai, le vent de la liberté a soufflé sur nos vies trop sages. Plus de cours, des manifs, la rue était à nous. J'étais trop petite pour comprendre mais peu m'importait. Tout ce qui surgissait me paraissait bon à prendre. Enfin, la monotonie se désagrégeait. Je ne démêlais pas grand-chose aux subtiles nuances de la politique, mais je sentais bien qu'il fallait être à gauche. Si possible à l'extrême. J'adhérais à toutes les idées qui traînaient. Je suivais le mouvement, plus par envie de désordre que par conviction véritable. D'ailleurs je mélangeais tout : Hô

Chi Minh, Guevara, Occident, les anars, les fafs, les maos, les cocos, les trotskistes... Comme dans les westerns que tu aimes tant, il y avait les bons et les méchants. J'étais du côté des bons, par solidarité avec la classe ouvrière et les peuples opprimés.

Et puis parce que c'était là qu'on s'amusait le mieux.

Enfin des garçons.... Des chevelus, des révolutionnaires, des porteurs de mégaphones, des distribueurs de tracts... Ils venaient à notre porte. Ils voulaient changer le monde en commençant par nous. On se laissait prendre. On les croisait au café d'en face où nous commencions à avoir nos habitudes. C'était l'étude bis, l'endroit où nous séchions les cours, où nous achetions les Gitanes sans filtre qui nous brûlaient la gorge. On s'observait, on se jaugeait. De temps à autre, on osait se parler. Puis on finissait par faire table commune, en avalant des espresso amers qui me faisaient battre le cœur.

La suite s'écrivait dans les manifs d'après-midi où nous trottinions en portant des banderoles, en criant des slogans qui rimaient comme des chansons. Et dans les boums du samedi soir où, enfin invitée, j'avais la permission de minuit. Époque inouïe, bien plus riche que tout ce qui s'enseignait au lycée. C'était le vrai apprentissage, celui des premières fois. Premier baiser, premier flirt, premier amour, première nuit. Ensuite on passe sa vie à tricher, à tenter de retrouver l'intensité de ces années-là. Mais les premiers émois sont rarement duplicables.

Comme tous ceux qui ont mon âge aujourd'hui, j'étais en phase avec l'époque. J'ai vécu mon adolescence dans un pays en proie lui aussi aux affres de la puberté. Dans les années 70, nous avions un futur nouveau à construire. Mission ambitieuse. Pas question de répéter les erreurs que nos parents avaient commises. Nous avons envoyé promener toutes les valeurs que l'on croyait trop vieilles, brisé tous les tabous, craché sur la morale. Sexe, famille, patrie, religion, politique, éducation, nous avons tout cassé. Tout reconstruit à l'envers. Et plus rien compris en bout de course.

Le réveil a été rude. Les apprentis sorciers ont vu leurs cocktails diaboliques leur exploser au visage. Plus de certitudes, des doutes en guise d'héritage : comment te faire croire à un monde meilleur si nous-mêmes avons perdu le mode d'emploi, à force d'en avoir démonté les rouages ? En vingt ans, tout a été tellement bouleversé que nous ne savons pas toujours de quoi demain sera fait.

Voilà pourquoi, dans ma génération, cet état pubertaire s'est prolongé si tard. A trente-six ans passés, j'ai seulement l'impression d'avoir enfin abordé la rive des adultes. Et encore avec prudence. Et combien de mes amis ont, comme moi, traversé la décennie soixante-dix, puis les années quatre-vingt, sans se rendre compte qu'il était temps de grandir ? Nous avons longtemps été éternels. Bien plus longtemps que d'autres.

Regarde-nous. Tes parents, ceux de tes amis. Les « grandes personnes » qui t'entourent. Rien à voir avec les photos de nos géniteurs au même âge. A vingt ans ceux-là étaient déjà vieux. Ils suivaient sans broncher le cours des choses. Se marier, réussir, avoir des enfants qu'on ne regarde pas grandir et dont on s'étonne qu'à seize ans, il leur pousse des envies de révolte. Ils ne se posaient guère de questions. Nous l'avons fait à leur place. Nous les avons bousculés.

A force de nous côtoyer, ils rajeunissent d'année en année. Grâce à nous, les grands-mères sont en mini-jupes et les grands-pères ne quittent plus leurs baskets. Nous avons mis la société au diapason de notre obsession de jouvence.

Parents à notre tour, nous avons refusé de céder du terrain. Nous portons des jeans, des T-shirts, nous buvons du Coca, nous mangeons des Mac Do. Pour nous être rangés tard, nous sommes demeurés de vieux ados dans l'âme. Nous réclamons tout et son contraire et plusieurs vies, de préférence. Nous vivons de passions, d'impulsions, nous ne voulons pas lâcher prise. C'est tout ce qui nous reste de ces années d'effervescence. Jamais assagis, jamais satisfaits. Enfants gâtés par excellence.

Notre façon à nous de repousser le temps.

Racines

Je suis née en Tunisie. Comme ma mère, ma grand-mère, mon père, mon grand-père. Du plus loin que remonte notre arbre généalogique, toutes nos branches familiales ont pris racine en Afrique du Nord, entre Tunis et Sousse, avec quelques écarts du côté de Constantine, en Algérie.

Juive séfardi, tunisienne, française, méditerranéenne, dans mon sang coule un drôle de mélange. Du Sud, j'ai pris le goût du soleil et des ciels implacables, un vif penchant pour la sieste, des gestes lents, un débit rapide, un accent traînant. Je me sens à l'aise autour du bassin de ma mer maternelle, en Grèce, en Italie, en Espagne, partout où les maisons sont blanchies à la chaux et où les persiennes se ferment après le déjeuner.

J'aime les danses du ventre, les mélopées tristes, les youyous, le son des darboukas. J'aime les syllabes appuyées, les mots qu'on répète à plusieurs reprises comme s'ils allaient nous échapper, les expressions judéo-arabes de ma grand-mère. J'aime les poulets de Kippour, les galettes de Pessah, les fêtes de famille où l'on mange plus vite encore qu'on ne parle. Mon judaïsme est indissociable de mes racines orientales. J'aime le couscous, l'huile d'olive avec le citron, le poisson frit, l'harissa, les gâteaux dégoulinants de miel, l'odeur du jasmin.

Et j'aime aussi la France.

Si ton père est né à Paris, tes grands-parents paternels viennent de Lyon, depuis des générations. Ils t'ont ancré ici. Solidement. Tu es des leurs par leur sang, par leurs domaines et leurs attaches. Par leur famille dispersée aux quatre coins de l'Hexagone. Par leur nom.

Je suis heureuse qu'avec eux, tu te fabriques la plupart de tes souvenirs d'enfance. Celle que je n'ai pas eue. Celle dont j'ai rêvé, petite, parce qu'elle correspondait à ce que je lisais dans mes romans préférés. Tu possèdes pour toujours les arbres centenaires qui ombragent la maison natale de ton père, le vélo dans les allées du parc, les Noëls auvergnats où vous allez, tes cousins et toi, chercher le sapin dans la forêt, le petit veau de la ferme voisine, le goût des gelées de cassis cueillis l'été dans le verger. Précieux viatique. Ineffaçable.

Je te donne autre chose. Cet héritage-là tient à bien moins. Je veux dire à rien de palpable. J'ai emprunté mes souvenirs : les blagues de mon grand-père, les rires, les chansons, les comptoirs de bois de la mercerie familiale, les dîners dont la plupart des convives sont aujourd'hui des ombres. Quelques photos, des anecdotes cent fois racontées, des parfums d'autre part me servent de mémoire. Pour t'amuser, j'exagère mon accent, j'amplifie mes gestes, je caricature une mère tunisienne.

— Tu es si beau, mon fils, que j'ai envie de me cacher dans le placard !

Ça te ravit. C'est un code entre nous. Un rituel. Souvent, tu termines la phrase à ma place, en imitant mes intonations.

Je te transmets des gestes, des impressions, des préférences. Des ancêtres oubliés. Des adresses imprécises. Et je suis émue quand je nous retrouve un peu en toi.

Tu nous as pris le goût du plaisir et de la fête, une façon sensuelle d'apprécier la nourriture, le sens du drame et une certaine nonchalance. Tu nous as volé, en prime, un humour que je connais bien car il est notre seul patrimoine.

Cocktail bizarre. A Noël, on te lit la vie de Jésus, tu prépares la crèche avec ta grand-mère. On te parle de Marie et de Joseph, et des rois mages. Je rajoute le désert, les chameaux, la Galilée. Quand je t'emmène à la synagogue pour un mariage, je te pose une kippa sur la tête. Ça te rend fier et dubitatif à la fois.

Tu déclares à qui veut bien t'entendre :

— Je suis à moitié juif, moi.

A moitié. Tu es un « à moitié ». Un métis. Un sang-mêlé. Tu ne comprends pas encore très bien ce que le mot religion signifie. Moi qui ne crois en rien ou du moins qui crois ne pas croire, je t'explique scrupuleusement :

— Tu choisiras quand tu seras grand.

Tu hésites. Ce ne sont pas encore des histoires de ton âge. Tu penses que Dieu et Superman sont deux copains d'enfance. Parfois je me dis que j'aurais dû t'élever dans les certitudes. T'expliquer sans ambages à quelle Église tu appartiens. Je regrette que pour en avoir deux, tu n'aies pas de bercail.

D'autres fois, je sais que ce mélange est ta force. Pour de bon. Qu'à être un peu juif et un brin catholique, à venir à la fois du soleil et de la brume, tu n'en pousseras que meilleur. Plus ouvert. Plus indulgent aux autres.

Mais si j'essaie d'être tout à fait honnête, je sais que mes Grands Principes sont du même bois que la Déclaration des Droits de l'Homme. Applicables aux autres. Allez, je te l'avoue, tant pis si ça te perturbe : j'aime te voir coiffé d'un calot. Je regrette que tu ne puisses pas faire ta bar-mitzvah. Et si tu n'es pas circoncis, c'est que ton père n'a pas voulu, entre vous, de différence. A l'époque, j'avais acquiescé. Ça me semblait normal. Aujourd'hui, je me sens moins encline à la tolérance.

Retour aux sources ? Nostalgie d'une foi que je n'ai pas ? Je me console en me disant que je suis juive, quoi que je fasse, et qu'aux yeux de ma Loi, tu l'es aussi. Que je viens d'autre part et que par moi tu es un tout petit peu métèque.

Et quand ton père un jour t'a parlé de soupe au potiron et que tu lui as demandé, sérieusement, s'il connaissait la recette de la « brik à l'œuf », une de tes récentes découvertes culinaires, j'ai éclaté de rire. Fièrement. Mon petit Lyonnais « sépharabe ».

Petites filles, petits garçons

A cinq ans, ta sœur avait déjà son avenir en main.

— Quand je serai grande, m'affirma-t-elle, j'aurai quatre métiers, quatre maris, quatre enfants.

Je me croyais blasée, mais son assurance m'a impressionnée.

— Et qui va s'occuper de tes enfants pendant que tu iras travailler ? lui ai-je demandé.

D'un geste, elle a éludé le piège.

— Toi, bien sûr, tu n'auras plus rien à faire...

Voilà comment une génération chasse l'autre. Qu'elle ne se fasse pas d'illusions, je compte bien m'accrocher. Il est hors de question que je devienne une mama aux fourneaux même si elle m'a déjà programmée pour l'être. Je resterai un bolide. Pas le choix, trop peur de m'ennuyer, et puis quoi ? Si elle m'a, un temps, fait gamberger, l'odeur des confitures maison ne me fait plus saliver. Je refuse de tomber dans la bassine.

Avant d'en arriver là, j'ai encore, je l'espère, quelques belles années devant moi pour peaufiner ton éducation et la sienne. Faire de vous des adultes, vous aider à vous épanouir. Programme chargé. Bizarrement, les questions que je me pose à ton sujet ne la concernent guère. Autant je ne sais pas toujours par quel bout te prendre, quelles valeurs te transmettre, quelles leçons te donner, autant tout, avec elle, semble simplissime. Je la comprends au quart de tour. Nous parlons le même langage. Avec toi, j'ai le sentiment étrange de devoir recourir à une traduction simultanée.

Et pourtant, des années-lumières séparent la fillette que j'étais de la petite fille de huit ans qu'elle est. J'étais craintive. Elle ne recule devant rien. J'étais gauche, embarrassée de mon corps. Elle aime tous les sports. Moi qui n'ai jamais su conduire une voiture, tourner à bicyclette, skier ou faire de la mobylette, tellement la vitesse m'effrayait, je la regarde comme une extraterrestre : est-ce bien moi qui l'ai fabriquée ? Il semble que oui. Nous avons, paraît-il, le même caractère.

J'étais timide, réservée avec les garçons. Je n'en connaissais pas beaucoup. Je rougissais dès qu'ils m'adressaient la parole. J'avais peur qu'on me croie éprise de l'un d'eux. La honte. Aussi, les évitais-je. Pas elle. A son anniversaire, les trois quarts des invités étaient des mecs.

— Tous amoureux de moi, dit-elle avec mépris.

A la passion, elle préfère nettement le foot.

Malgré nos différences, je me pose fort peu de questions sur ma façon de l'éduquer. J'ai l'impression — peut-être injustifiée — qu'avec elle, je ne me fourvoie pas trop. Je l'élève à l'instinct. Je sais en gros où je vais et ce que j'aimerais qu'elle devienne, même si je me défends de vouloir l'influencer. Je m'appuie sur ce que j'ai été, sur ce qui m'a modelée, ce qui m'a fait avancer.

Mon petit livre rose à moi, celui de la plupart des jeunes femmes de ma génération, a été *Du côté des petites filles,* d'Eléna Belotti. On y découvrait comment « ces minuscules héroïnes vêtues de rose » se faisaient avoir dès leur plus jeune âge. Comment on les programmait pour être inférieures à l'Homme, pour n'exister qu'en fonction de Son Existence. On y apprenait comment nous-mêmes, nous étions passées à la moulinette. Laminées. Juste bonnes à marier et à élever une nombreuse progéniture. Heureusement pour nous ce livre se lisait au passé. Le féminisme allait tout changer.

Il est de bon ton aujourd'hui de porter sur cette époque un regard amusé. Bien sûr, en repensant à moi, je m'écroule de rire. Regarde les photos. C'est bien ta mère, cette fille aux grands jupons de coton mauve et aux cheveux bouclés, portant sabots, châles frangés et panier d'osier à l'épaule. Un uniforme qui s'accordait à l'uniformité de ma pensée. Car j'ai enfourché le balai des sorcières. J'ai adopté le look, j'ai piqué des credo, grapillé des idées en touriste. Je n'étais pas pure et dure, plutôt compagne de route. Mais j'ai été très concernée. Précisément parce que je ressentais les injustices.

Et puis il y avait un ton nouveau, comme une fraternité entre filles. Ça me plaisait. Pour avoir vécu avec ma mère et ma sœur, j'ai toujours apprécié la complicité féminine, les fous rires, les discussions à trois autour de la baignoire. Je n'ai jamais compris l'espèce des chipies, des misogynes, pour lesquelles une femme est d'abord une rivale.

Évidemment, dans tout ça, il y a eu des excès. Ton père te raconterait avec un sourire étranglé comment certaines voulaient émasculer les hommes. Rassure-toi, c'était pour de faux. Personne non plus n'a eu envie de créer des ghettos. Comme en Amérique du Nord, où le féminisme extrême a engendré un lobby d'enragées qui détestent les hommes et des millions d'homosexuels effrayés par les femmes. Deux camps l'un en face de l'autre. Des caricatures. Heureusement la France a échappé à ce totalitarisme. Sans doute parce que nous aimons trop l'amour.

Le bilan cependant n'est pas sans intérêt. Car ce que j'ai volé a régi, en bien ou en mal, une grande partie de mon existence. L'autonomie financière, l'indépendance amoureuse, le choix d'un métier, la liberté sexuelle, la contraception, l'union libre, et l'éducation des filles.

Devenue mère à mon tour, je me suis juré de ne pas élever ta sœur comme ma grand-mère avait élevé ma mère et comme cette dernière avait voulu m'éduquer. Je dis « avait voulu », car la vie l'a rendue plus tolérante.

Au lieu de rester bien campée sur ses positions, elle s'est mise au diapason de ses filles.

Autour de moi, mes amies ont eu le même parcours. Après avoir voulu réinventer le monde pour nous, il nous fallait continuer le combat pour nos filles. Les endurcir. Les aguerrir. Leur offrir les fruits de notre expérience. Les faire aller plus vite et sans trop de casse. Le féminisme étant passé de mode, ce qu'il nous reste de révoltes se vit désormais par procuration.

Nous n'avions pas le choix. Il nous fallait avancer. Prouver. A chacune de nos victoires, il y avait comme un arrière-goût de conquête. De bataille remportée sur les hommes. Pour nos filles, ce sera différent. Lorsqu'elles seront des femmes, elles se battront pour elles. Pas contre vous.

Et grâce à nous.

Étrange paradoxe. Si tu étais né il y a encore trente ans, on t'aurait accueilli avec satisfaction.

— C'est un garçon !

Tu aurais représenté le nom, la lignée, la pérennité de la race. Tu aurais appris ce qui convient à ton sexe : être fort, protecteur, responsable et soulever ton chapeau devant les dames. On t'aurait valorisé, considéré, on aurait mis en relief tes moindres gestes. Fait de toi un petit mâle digne de ton ascendance. Comme dans cette histoire juive trop véridique pour n'être qu'une blague, où un père explique à un ami que chez lui, lorsqu'un garçon paraît, on passe trois jours à faire la fête.

— Et une fille ?

— Dieu la bénisse.

Aujourd'hui, c'est pour toi que j'invoque la bénédiction divine. Tu n'es plus à la première place. Les filles t'ont supplanté. Toi et tes contemporains êtes devenus le sexe faible.

Car par un curieux renversement des valeurs (c'est tellement démodé de s'avouer phallocrate), on est tout aussi fier, sinon plus, de mettre au monde une fille. Tant mieux pour elles. Tant mieux pour vous qui n'avez plus à supporter sur vos épaules tout le poids de la terre. Mais n'y a-t-il pas là comme un sexisme à l'envers ? De plus en plus, on porte les petites filles aux nues. On les crédite d'intelligence précoce. Parler, marcher, lire ou écrire : dès le berceau, apprendre leur est chose facile. A l'école, elles conservent cette avance. Dès la maternelle, elles tiennent le haut de l'échelle. En primaire, elles restent largement en tête. Les garçons ne les rattrapent qu'en bout de course.

Dans la vie de tous les jours, on les valorise sans vergogne. On, c'est-à-dire nous, les mères, mais je devrais rajouter nounous, baby-sitters et enseignantes. Car, tu l'auras compris, l'éducation d'aujourd'hui est tout entière entre les mains des femmes. Nous modelons d'abord celles de notre sexe. Nous rattrapons le temps perdu où elles étaient quantité négligeable. Nous en faisons des « honnêtes hommes » doublées de femmes parfaites. En un mot, nous les suréduquons.

Et dans la foulée, nous vous « oublions ».

Ta sœur porte des salopettes et des robes, des baskets et des chaussures à barrettes. Elle joue au Nintendo et à la poupée, aime le foot et le violon, le tricotin et l'ordinateur. Elle est double. Elle est multiple. Rien ne l'embarrasse ni ne l'embarrassera.

Ce n'est pas votre cas. Ce n'est pas le tien. Avec toi, mon attitude est des plus ambiguës. Autant je ne crains pas de la masculiniser dans mon désir de la rendre complète, autant j'ai peur de te féminiser. Je te voudrais l'égal des filles et je suis fière de tes poussées de virilité. J'oscille entre la crainte de te voir devenir un macho et la terreur que tu ne t'identifies pas, ou mal, à ton sexe. Cette confusion-là n'est pas pour te faciliter la vie.

Je te laisse le minimum requis. C'est-à-dire ce qu'on pense naturellement inscrit dans tes gènes. La bagarre, par exemple. Le goût du combat. Tes accès de violence, ton amour des armes et des petites voitures ne me déplaisent pas.

— C'est bien un garçon, me dis-je en rigolant.

J'explique à qui veut bien m'entendre que tu as tout de suite su te servir d'un ballon pour y shooter. Que lorsque tu as découvert les Barbies de ta sœur, tu les as d'abord utilisées comme matraques pour ensuite admirer leurs formes avantageuses.

Dieu sait pourtant si j'ai lutté contre toutes ces idées préconçues qui me paraissaient d'arrière-garde. Je vous ai donné les mêmes jouets. Vous avez regardé les mêmes programmes à la télé. Qu'est-ce qui fait que ta sœur refuse le combat physique et que tu ne sais pas te déplacer sans une épée ?

— Pff, les filles, elles sont comme ça, m'expliques-tu en affectant des gestes maniérés.

Ça me fait rire et m'ennuie à la fois.

Je renonce souvent à te demander ce que je lui demande, mettre la table, ranger, me convaincant qu'après tout, ça n'est pas si grave. Qu'un jour tu sauras bien te débrouiller. Que le partage des tâches n'est pas la seule priorité. J'ai tort, je le sais. Combien de grands garçons vois-je autour de moi qui, célibataires, apportent encore à maman leur linge à laver ? Combien ont la trouille d'habiter seuls, passant de leur mère à une femme, puis d'une femme à une autre, par besoin de confort et de sécurité ?

Si très peu d'hommes savent vivre en solo, ce n'est pas par ignorance de l'intendance ménagère (après tout, une femme de ménage ferait aussi bien l'affaire), mais parce qu'ils ont l'habitude de se faire chouchouter. Maman est là pour l'essentiel. Maman qui sait bien pourquoi sa fille est si vite adulte et son fils si longtemps un enfant. Maman qui se targue d'avoir changé la vie mais qui perpétue l'ordre des choses.

J'en conviens, je materne. Je materne ausi ta sœur, mais le résultat n'est pas le même. Elle est drôlement plus affranchie que toi. Elle comprend avant que j'aie seulement besoin de parler. Ce n'est pas ton intelligence que je remets en cause. Mais peut-être ma trop forte tendance à l'indulgence. A l'attendrissement devant ta fragilité. Je n'ai aucun souci pour elle. Il n'en va pas de même pour toi. Je me dis que je devrais t'élever plus à la dure, pour ton bien. Te demander bien plus qu'à elle pour qui tout semble si facile. Ne pas te mâcher le travail. Ne pas baisser les bras.

Je m'étais promis de le faire. Promis de t'apprendre à être un homme différent pour créer un monde meilleur. Promis de te rendre responsable. Promis de t'inculquer d'autres manières. Promis de te faire grandir vite. *Mea culpa*.

C'est moi qui ne suis pas encore au point.

Machito

Elle prend un ton catastrophé.

— Je suis au regret de te dire que ton fils est un véritable macho. Il a dit que c'était aux femmes de le servir.

— Pas du tout...

Tu t'es mis à pleurnicher pour mieux m'attendrir.

— Pas du tout..., reprends-tu en reniflant. Simplement j'arrivais pas à prendre les gâteaux en haut du placard et comme je suis le plus petit, j'ai dit que c'était à vous de m'aider parce que vous êtes les plus grandes.

Tu t'es bien rattrapé. C'est exactement là ma corde sensible.

Paternité

La maison est paisible. Vous jouez dans vos chambres. Je lis au salon. Je me lève pour chercher de l'eau, prétexte tout trouvé pour vous surveiller sans en avoir l'air. Couchée sur la moquette, ta sœur est plongée dans une partie sans merci contre son ordinateur. Chaque fois qu'elle le bat, elle pousse des hurlements de victoire.

Ton jeu semble plus calme. Pour une fois, tu n'es pas vrillé au Nintendo, tu as lâché tes épées, tes motos. Tu t'occupes des poupées que ta sœur a abandonnées. Je reconnais Timothée, un baigneur chauve, emmitouflé dans son couffin. Installé sur tes genoux, il y a aussi Charlie Brown, le copain de Snoopy, un petit bonhomme de chiffon rose au nez en patate et aux yeux en bouton, Tu as collé un biberon contre le fil noir qui lui sert de bouche. Tout en le nourrissant ainsi, tu le rassures.

— T'inquiète pas, mon bébé, papa est là. Il te donne à manger. Ensuite il te changera et il te couchera. Je t'aime, mon bébé.

Ta voix est suave, tes gestes posés. Tu es tendre et délicat, petit papa gâteau, plus maternel que paternant comme il se doit. Tu as vu faire ton père, ses copains. Tu m'as observée. Tu ne sais plus à quel sein nourricier t'identifier. Qu'importe. Tu fais ton miel de tout ce que tu observes. Tu ne te poses pas de questions, tu crois que nous sommes interchangeables. Il t'arrive de m'appeler papa, d'appeler ton père maman. Nous t'avons habitué aux mélanges. Nous te câlinons à tour de rôle, tu te blottis sur nos genoux sans préférence. La seule différence, prétends-tu, c'est que ton papa pique un peu. Mais sa voix pour te parler est aussi douce que la mienne. Et je me fâche plus souvent que lui.

Tu l'as vu aller au marché, mettre la table. Tu me vois travailler, gagner de l'argent, donner des ordres. Tu t'étonnes que les garçons ne puissent pas être « enceints ». Autour de toi, pourtant, les pères ressemblent aux mères. Et inversement. Je t'ai donné le sein mais la photo qui reste, c'est ton père t'offrant le biberon. Je t'ai porté dans mon ventre, mais nous conservons quelques images de ton père te baladant contre lui, bien au chaud dans ton kangourou.

Ensemble ou successivement, nous t'avons bercé, changé, consolé, promené. Et parce que nous vivons séparés, nous sommes père-mère et mère-père selon la demande. Plus de quoi s'en étonner, aujourd'hui c'est la marche du monde.

Il est vrai qu'avant, tout cela était plus simple. Je dis « avant » comme s'il s'agissait d'avant-guerre. De fait, c'est presque cela. La hache de guerre des sexes a été enterrée depuis un bon moment, mais les bombes envoyées n'ont pas fini d'irradier le paysage. La famille n'est plus ce qu'elle était.

Ce n'est un secret pour personne : les femmes ont investi en masse le bastion familial. Ce sont elles qui décident de son ordre ou de son désordre. Avortement, contraception, ou conception : donner la vie est devenu leur domaine réservé. Elles tranchent. Toutes seules.

Les hommes n'ont plus, ou si peu, leur mot à dire. Une famille si *elles* le décident. Mères solitaires, mères non mariées, mères séparées ou divorcées, mères remariées, de toutes les façons, l'enfant restera auprès d'elles. Aujourd'hui, vingt pour cent des enfants ne voient jamais leur père. Et vingt pour cent encore, moins d'une fois par mois.

Allons plus loin. Avec une affaire qui a défrayé la chronique. Et dont j'imagine qu'elle ne restera pas un cas isolé. Je veux parler de cette jeune femme anglaise, vierge et décidée à le rester, mais qui réclame cependant le droit à être inséminée. Le père, ici, ne devient qu'une affaire de paillettes. Une éprouvette. Vite oubliée.

Quand on se souviendra des années quatre-vingt, quatre-vingt-dix, on dira :

« Ah ! oui, n'était-ce pas la période où les femmes ont jeté les hommes ? »

Si on pousse le raisonnement, on peut imaginer qu'un jour les femmes se mettront à vivre en autarcie, seules ou avec leurs enfants. On sera passé d'un excès à un autre.

— Qui fait les courses ?

— Maman.

— Qui fait des affaires ?

— Maman.

— Qui fait les enfants ?

— Maman.

— Et Papa ?

— Vous pouvez répéter, je n'ai pas très bien compris le sens de votre question ?

Bon, je te l'accorde, je caricature. Mais il est vrai que le patriarcat a pris un coup dans l'aile. Être père devient un tour de force, de quelque côté que l'on se place. Car l'espèce est en voie de disparition. En tout cas, l'espèce initiale.

Avec la bénédiction des pédiatres, des psys et des éducateurs qui insistent sans relâche sur l'importance de la mère dans l'épanouissement de l'enfant, les pères se trouvent dépossédés de leur paternité, même lorsqu'ils sont présents. Et les mères qui ont droit de vie et de mort sur l'enfant opinent, car elles ne voient pas pour quelles raisons elles ne seraient pas aussi au premier plan dans leur éducation. Leurs responsabilités professionnelles ne les empêchent pas d'endosser, de surcroît, celle des enfants. Bien au contraire, elles les y encouragent. Elles ont le pouvoir hors de la maison. Pourquoi ne l'exerceraient-elles pas chez elles ? D'ailleurs, elles ne s'en privent pas.

Je ne m'en prive pas non plus. J'aime avoir le dernier mot en ce qui vous concerne, ta sœur et toi. Le choix des vêtements, les bonnes manières, les cadeaux de Noël, la meilleure instit'. Je ne supporte pas l'ingérence. Et pourtant je m'insurge lorsque ton père ne participe pas assez à mon gré. Je râle lorsqu'il ne vient pas à ton anniversaire parce que le bruit de quinze enfants agités lui casse la tête. Je râle s'il te met un pantalon bleu avec un sweat-shirt noir. Je râle lorsque avec lui, tu te nourris trois jours de suite de hamburgers. Et je râle encore lorsqu'il n'est pas assez ferme ou assez présent à mon goût.

Au fond je ne voudrais que des choses contradictoires : que ton père partage avec moi toutes les responsabilités, qu'il s'occupe de vous deux exactement comme je m'en occupe, qu'il soit ferme et décisionnaire.

Et surtout qu'il ne se mêle de rien...

Je ne suis pas la seule à vouloir ainsi tout et son contraire. Les mères que je connais font preuve de la même ambiguïté. Du coup, les pères ne savent plus très bien où se placer. Soit ils confondent les rôles, soit ils démissionnent. Soit encore ils disparaissent. Qu'il est donc difficile dans ces conditions, lorsqu'on est un petit garçon, de s'identifier à un homme... Et plus tard, de reprendre le flambeau de la paternité.

Mon père à moi, le grand-père que tu connais, incarnait la Loi. Une valeur autrefois toute masculine. Pas question qu'on la transgresse. A dix-huit ans, je lui demandais encore la permission de sortir le soir. Impossible de passer outre. Ou alors au prix de mille angoisses. Pourtant, mes parents ne vivaient pas ensemble. Mais même absent, mon père demeurait très présent. Parce que sa paternité était évidente : il s'occupait de nous sans pour autant nous materner. Parce qu'il avait une fonction précise : c'était un homme, il décidait. Il demeurait la dernière instance. Je ne dis pas que c'est mieux, mais au moins ce rôle-là avait-il le mérite d'être clair.

Aujourd'hui, même lorsqu'ils sont présents, les pères me semblent absents. En tout cas dépossédés de leur image de père.

Pourtant, il ne se passe pas de jour sans que la publicité ou la mode ne les célèbre. En réalité, on met en valeur ceux qui, faute de références, copient sur les mères. Les fameux « nouveaux pères ».

Loin de moi l'idée de cracher dans la soupe. Ces pères-là, lorsqu'ils existent, sont plus proches sans doute, plus disponibles, plus complices aussi que ne l'étaient leurs propres pères. Ce sont eux qui poussent le landau, accompagnent le bébé à la crèche ou se préoccupent de la bouillie du soir. Et puis, il faut avouer qu'il est bien agréable de se faire aider lorsqu'on est une mère qui travaille. Mais ils ne représentent qu'un nombre infime, à peine dix pour cent, de la population paternelle. Trois fois rien. C'est pourtant ceux-là qu'on monte en épingle, à qui on tresse des lauriers. A mon avis exagérés, car je ne suis pas sûre qu'un enfant ait besoin de deux mères.

Les autres pères ? La majorité ? Ils délèguent. Ils baissent les bras. Ils invoquent leur trop-plein de travail pour éviter toute responsabilité éducative. Tout juste consentent-ils à se faire battre au Nintendo ou à organiser une partie de foot, le dimanche, à la campagne. Pourquoi cette non-ingérence ? D'abord parce que ça les arrange. Parce que s'occuper à temps complet d'un enfant, voire de plusieurs, c'est fatigant. On ne leur a jamais appris. Et puis n'est-ce pas depuis toujours la tâche des mères, celles qui refusent comme moi de céder du terrain tout en pestant parce qu'elles doivent « tout faire » ?

Et puis il y a un troisième rôle, plus difficile parce que plus douloureux : celui de père séparé. Du jour au lendemain, il va falloir retrouver de nouvelles relations avec les enfants. Apprendre à profiter des bons moments ensemble, à se contenter de la « qualité » à défaut de la « quantité ». De l'« intensité » à défaut de la « quotidienneté ». Comment s'étonner alors que tant de pères finissent par abandonner ? Être un père au quotidien n'était déjà pas si simple : devenir un père à mi-temps relève du tour de force.

Et les enfants ? Comment se débrouillent-ils sans père au jour le jour avec comme référence principale une femme ? Pour une fille, c'est moins compliqué : la mère est un modèle évident. Mais un garçon ? Mais toi dont les parents ne vivent plus ensemble ? Je te pousse vers ton père pour que tu te conformes à son image mais je sens bien que des deux, et par défaut, c'est moi qui reste la plus forte. Quel homme seras-tu pour n'avoir pas vécu avec un homme ? Pour avoir passé ton enfance auprès de moi qui tiens cinq jours sur sept le rôle des deux parents à la fois ? Auprès de moi si pleine d'ambivalences ?

Et quel père seras-tu ? Quelles responsabilités seras-tu prêt à endosser ? Quelle partition voudras-tu ou pourras-tu tenir ? En face de toi, dans vingt ans, tu trouveras ta sœur et ses amies. Nos filles. De vraies femmes trempées dans l'acier de leurs mères, fortes, indépendantes, autonomes et tellement contradictoires. Quel espace consentiront-elles à te laisser ? A vous laisser, à vous, petits garçons, si difficilement parvenus à l'âge d'homme ?

Sexe fort

Tu pleures. A la sortie de l'école, une petite fille, deux fois ton gabarit, t'a donné un coup de poing sur la tête. J'ai beau te consoler, tu pleures encore.

— Ça ne sert à rien de te plaindre, proteste ta sœur. T'auras pas moins mal.

— C'est vrai, dis-je. Tu dois être courageux. Un garçon, c'est courageux.

Tu stoppes instantanément tes sanglots. Indigné, tu me regardes les yeux encore pleins de larmes. Tu renifles.

— C'est pas vrai. Les filles sont courageuses. Les garçons, ça doit être forts.

Idées reçues

Je ne veux pas t'élever dans les idées reçues, mais mon Dieu, que c'est difficile. L'époque est championne du prêt-à-penser, surtout en ce qui concerne les relations entre les sexes.

On classe les hommes, les femmes, en catégories, comme s'ils n'étaient pas avant tout des individus avec leurs défauts et leurs qualités. On dit : les hommes sont lâches, enfantins, faibles, inconstants, paresseux, mous, égoïstes, tyranniques. On dit : les femmes sont courageuses, responsables, fonceuses... Les diktats passent. Il y a quelques années, on affirmait encore le contraire.

N'admirait-on pas les premiers pour leur force, leur courage, leur valeur morale, leur sens de l'honneur, leur goût des responsabilités ? Ne dénigrait-on pas les secondes, pour leur coquetterie, leur inconstance, leur frivolité, leurs mensonges ? Comme si les qualités des uns diminuaient aussitôt celles des autres. Comme si on ne pouvait fonctionner qu'en vases communicants. Quand les uns montent en estime, les autres descendent.

Ce manichéisme à l'envers m'assomme.

D'accord, les femmes sont formidables. On le sait de toute éternité. Mais aujourd'hui il y a trop de battage médiatique. C'est la mode de les mettre en avant. De les accommoder à toutes les sauces pourvu qu'on vante leurs mérites. L'occasion aussi pour les hommes de se mortifier à chaque fois qu'ils s'expriment. De se dédouaner de toutes ces années passées à mépriser l'autre sexe. C'est devenu un lieu commun que d'encenser cette moitié-là du ciel.

— J'adore les femmes, elles sont tellement ceci, tellement cela...

— C'est vrai, les femmes m'ont tout appris...

Pour l'instant, elles ont de la chance, on les crédite. Que du bonus. Sans doute parce qu'on ne leur a pas laissé la parole pendant deux millénaires. Mais sous prétexte de réparer une domination qui a rendu les hommes coupables, on leur laisse toucher des dividendes démesurés de leur silence forcé. On dit que le vingt et unième siècle sera le siècle des femmes. Une bonne chose si prédominent la tendresse, la douceur, la non-belligérance, toutes qualités qu'on a toujours prétendues féminines. Mais j'en doute. Au pouvoir, les femmes n'ont réussi qu'à singer les travers des hommes. A prendre leurs mauvais côtés. Pourquoi faut-il que leurs seules références soient si désespérément masculines ?

Et puis je n'aime pas les déséquilibres. Le matriarcat qui s'annonce ne laisse pas de m'inquiéter. Pour toi, bien sûr. Je n'ai pas envie que tu sois loin derrière. Ni que tu te fasses bouffer.

Va-t-il falloir t'apprendre la résistance ?

Divorce

La vie privée idéale, celle de tous les livres de contes, c'est un papa, une maman, des enfants, une maison à toit de tuiles, des chats, des chiens, le bonheur simple. Image d'Épinal. Ce qu'on m'a inculqué. Ce que je me suis raconté aussi, tellement ça m'a manqué.

La vraie vie vient à l'usage.

J'ai un peu voyagé. Je connais les accidents de parcours, les dérapages. Je sais le prix à payer pour avoir l'illusion d'être heureux. Il faut pourtant que je te donne des repères, des structures. Des buts à atteindre. La foi en l'avenir. Quand tu seras grand, te dis-je, tu rencontreras une femme que tu aimeras. Quand tu trouveras celle que tu cherches, tu auras peut-être envie de lui faire des enfants.

Ce sera ton point d'ancrage. Je n'ajouterai jamais pour toujours.

Mes parents ont décidé de divorcer lorsque j'avais cinq ans. A peu près l'âge que tu avais lorsque ton père et moi nous nous sommes quittés. J'ai eu du mal à accepter ma famille en miettes. Toi, tu n'as pas encore digéré la cassure de la tienne. Il te faudra du temps. Ce n'est pas faute de nous appliquer par tous les moyens à vous laisser à ta sœur et à toi le moins de cicatrices possible. Je te dis avec conviction :

— Nous formons quand même une famille.

Je dis encore sur le même ton :

— Vous avez de la chance d'avoir des parents séparés qui s'entendent aussi bien.

Les miens auront passé leur temps à se faire la guerre.

C'est vrai, nous ne nous disputons jamais. C'est presque une caricature. Il y a les parents qui restent ensemble pour le bien des enfants. Et puis il y a un nouveau genre, le nôtre : on fait ami-ami pour éviter les séquelles. On efface les griefs, on feint d'oublier les rancunes. A se demander pourquoi on ne vit plus ensemble tellement on a rangé nos raisons de se battre. Parfois même, lorsque nous sommes réunis tous les quatre, il semble qu'il n'y ait jamais eu de rupture.

Pourtant nous faisons appartement à part, ton père d'un côté, moi de l'autre, avec vous. Il y a les mardis soir, les week-ends. Il y a ses petites amies et mes amours silencieuses. Il y a les mois de juillet avec l'un, les mois d'août avec l'autre, les semaines des quatre Noëls, les anniversaires en double. Nous formons deux triangles à angles droits variables.

Drôle de géométrie. Tu as appris trop vite que la vie n'était pas rectiligne. Tu encaisses. Le soir avant de t'endormir, tu m'expliques que mon amoureux c'est ton papa. Je proteste doucement mais fermement comme je l'ai lu dans les livres.

— J'aime beaucoup ton papa, mais ce n'est pas lui que j'aime. D'ailleurs nous ne dormons plus ensemble.

Tu as du mal à comprendre. Je te comprends. C'est déjà si confus dans nos têtes d'adultes, comment réussir à t'expliquer l'inexplicable ?

Familles éclatées. Autour de toi, c'est la norme. Il y a trente ans, on en faisait un drame. Dans vingt ans, on n'y prêtera même plus attention. Demi-frères, demi-sœurs, demi-pères et demi-mères : qui peut démêler le vrai du faux ? On appelle ça phénomène de société. On en tire des livres, des films, des articles. On en rigole ou on en pleure, c'est selon. On en souffre. On est gêné pour en parler mais on sent que c'est irréversible.

Il y a trop eu de valeurs qui se sont délitées et qu'on n'a réussi ni à balayer tout à fait ni à remplacer par autre chose. Trop eu de mélanges entre l'aspiration à la liberté individuelle et au bonheur et le désir de se conformer aux standards. On n'a pas réussi à retrouver nos marques. Bizarrement, ce n'est plus en se mariant mais en divorçant qu'aujourd'hui on devient adulte.

Les enfants détestent, c'est certain. Mais ils écoutent gravement lorsqu'on leur explique que ça n'est pas grave. Ils font semblant d'y croire. Après tout, il y a tant d'autres malheurs dans la vie, que celui-ci n'est qu'une petite goutte infime.

Les enfants détestent, mais ils s'habituent. Plus vite en tout cas que leurs parents chéris qui jouent aux malins, affirment, péremptoires, qu'il n'y avait pas le choix, mais avalent des calmants pour calmer les enfants.

Les enfants s'habituent, les parents font semblant. Les parents n'ont plus de certitudes. Les parents savent être de bons parents séparés, mais ne savent plus être des parents tout court. Et ensemble. Ils ont tout désappris. Au nom de la liberté et de l'indépendance. Au nom du droit inaliénable à vivre ses passions. Au nom du non à l'ennui, du non à l'habitude. Du non à la monotonie des jours qui s'écoulent. Au nom du refus du temps qui passe et de la peur de vieillir en passant à côté.

Alors que dire aux enfants ?

Et que te dire à toi ? Te jurer croix de bois croix de fer que toute ta vie tu pourras aimer la même femme et lui rester fidèle ?

Te démontrer qu'il y aura d'un côté la — ou les — mère(s) de tes enfants et de l'autre les amours contingentes ? Possible. Mais si triste. Une version moderne de l'hypocrisie bourgeoise. Ou ce que nos grands-mères appelaient la sagesse. Mais en ce siècle de passions qui est encore assez fou pour laisser la raison l'emporter ? T'affirmer que plusieurs fois dans ton existence, tu rejoueras à quelques variantes près la fin du conte de fées qui me faisait tant rêver : ils se marièrent et eurent pas mal d'enfants qui eux-mêmes eurent des demi-frères ?

Ou me taire et te laisser te débrouiller ?

Maternité

Maman Chérie est une mère parfaite. Idéale. Celle dont tous les petits garçons et toutes les petites filles ont besoin. Ta maman à toi. Celle qui achète les Fisher Price et les livres d'images, qui raconte les histoires avant de t'endormir. Celle qui assortit les chemises et les chaussettes, qui ne gronde jamais pour un pipi au lit ni pour un verre de Coca renversé. Celle qui emmène au zoo, rapporte des cassettes de Nintendo, permet qu'on joue avec son ordinateur, construit les petits bonshommes des Kinder.

Une maman qui commande les pizzas avec double portion de fromage, sait faire des hamburgers meilleurs qu'au Mac Do, n'oublie jamais le ketchup dans sa liste de courses. Une maman qui connaît les histoires de Toto et s'esclaffe quand tu débites les tiennes, qui se souvient des chansons que tu apprends en classe parce qu'elle les apprenait, petite. Une maman qui sait tracer des marelles et pousser haut la balançoire de l'Oiseau Bleu aux Buttes-Chaumont, qui adore monter avec toi dans le dragon du jardin d'Acclimatation et qui feint de hurler de terreur pour que tu la protèges, une maman qui joue au Pictionnary et aux découpages, qui dessine des cow-boys et des Indiens pour tes coloriages, qui paie des tours de poney et des barbes à papa et construit sans relâche des châteaux de sable aux tours crénelées, l'été, sur la plage.

Cette maman-là t'appartient. C'est un robot grandeur nature tout entière à ta dévotion. Un être tendre. Un rêve.

Et puis il y a l'autre. La Maman Chéra. Tout le contraire. Un peu voyou, un peu sorcière. Maman Chéra fume clope sur clope alors même que tu lui caches, indigné, ses paquets. Elle crie dans les magasins, se dispute avec les chauffeurs de taxi et insulte la directrice de l'école de ta sœur.

Maman Chéra ne quitte pas ses jeans alors que tu la voudrais en robe, Maman Chéra t'emmène en retard à l'école, une doudoune enfilée à la hâte sur son pyjama. Maman Chéra a la flemme de faire la cuisine et invente des dîners « apéro » : saucisson, fromage, œufs durs et chips. Elle parle à son amoureux des heures entières au téléphone et te gronde quand tu oses la déranger, en prétextant qu'elle travaille. Maman Chéra rit trop fort avec ses copines. Maman Chéra se met en colère si tu ne réponds pas assez vite à ses appels, elle fait la grosse voix, a la main leste, fronce les sourcils et noircit ses yeux de colère. Elle prive de télé, de jouets, confisque les pistolets, exige de bonnes manières, te demande de te brosser les dents, de prendre ton bain, d'enfiler tes chaussons. Et menace de supprimer l'histoire du soir.

Maman Chéra travaille et souvent rentre tard. Maman Chéra passe des journées les yeux dans son Macintosh sans t'accorder un regard. Maman Chéra ose sortir le soir avec ses copains et te laisser à la baby-sitter. Maman Chéra a d'autres horizons que toi. Maman Chéra est un monstre.

Parfois Maman Chéra voudrait bien faire la grève des mères, mais Maman Chérie l'en empêche. Elle sait combien ta sœur et toi vous êtes petits, combien vous avez besoin d'elle. Maman Chéra trouve que les enfants lui bouffent l'existence, Maman Chérie sait que sans eux sa vie ne serait pas si belle.

Quand Maman Chéra crie, Maman Chérie console.

Souvent tu guettes l'une chez l'autre. Tu préfères Maman Chérie. Je ne dis rien. Je sais que sans Maman Chéra, Maman Chérie ne pourrait pas vivre.

Petit frère

Elle te nargue. Te demande d'une voix innocente si tu sais comment on écrit garçon. Elle épelle le mot en insistant sur les trois dernières lettres :

— G.A.R.Ç.O.N.

Tu trépignes :

— Maman, elle me traite...

Ni vu ni connu. Elle passe son temps à te provoquer et toi, balourd, tu tombes dans tous ses pièges.

Petit frère (suite)

— Pas vrai que ?

La plupart de tes phrases commencent et se terminent en point d'interrogation vers elle. Je me souviens de ma propre enfance quand ma sœur me demandait :

— Hein, Michèle, que ?

C'était devenu une scie. Dès qu'on entendait les mots fatidiques, tout le monde s'esclaffait. Ils revenaient vingt fois par jour comme une litanie, un refrain dont on reconnaissait tout de suite la première note.

— Hein, Michèle, que ?

Terrible d'être le deuxième. Petite sœur. Petit frère. Celui qui râle, jamais content. Qui se croit floué, toujours berné. Celui qui se complaît à la traîne mais qui souffre qu'on l'y maintienne. Je connais le scénario par cœur. Elle t'aime et elle t'empêche de vivre.

Tu l'aimes et tu la tyrannises. Et tu la vénères par-dessus tout.

Le plus souvent, vous jouez tranquillement ensemble. J'adore ces moments-là. Vos fous rires. Votre complicité que je sais inaltérable. Ta petite voix qui lui demande conseil. Ses encouragements. Vos cris de victoire.

Le calme est provisoire. Tu la frappes, « sans raison », me dit-elle. Je sais bien qu'un mot, un geste d'elle t'ont fait sentir ton infériorité. Il lui suffit de te regarder en biais pour que tu te mettes à hurler. Elle feint l'innocence.

— Moi ? Mais je n'ai rien fait.

Rien, c'est certain. Juste un regard un peu trop appuyé qui vous renvoie à d'anciennes disputes. Une phrase chuchotée. Et c'est le drame. J'ai beau essayer de te calmer, tu réclames justice. Je ne peux pas te consoler si je ne la gronde pas. Et comment la gronder alors qu'elle ne t'a « rien » fait ?

D'autres fois, tu uses de ta force encore maladroite. Coup de pied au ventre, au visage. Elle se tord. Je m'énerve.

— On ne frappe pas une fille.

— C'est pas une fille, c'est ma sœur.

Je sévis. T'enferme dans ta chambre. Tu cries à l'erreur judiciaire. Dix minutes plus tard, vous voilà réconciliés.

Puis les hostilités reprennent.

— Tu verras, l'année prochaine au C.P. Je suis certaine que tu vas mal travailler.

— Maman...

Tu t'angoisses. Je corrige. Tu l'admires tellement. J'ai peur que tu prennes tout ce qu'elle dit pour argent comptant. Elle est si sûre d'elle et toi si peu confiant.

Je t'apprends à écrire ton prénom. Tu as un peu de mal avec la première lettre. Je t'encourage. Avec excès, comme d'habitude.

— Tu as réussi, bravo ! Tu es vraiment champion. Je ne connais personne de plus intelligent que toi.

— Si, ma sœur.

Tu penses qu'elle est la plus forte. Partout et toujours. Au Nintendo, comme au reste.

— Youpi, t'as réussi à délivrer la princesse. Comment tu fais pour être aussi géniale ?

— J'sais pas, c'est dans ma nature, répond-elle, très à l'aise.

Quand tu étais plus petit, ta langue fourchait. Tu l'appelais maman. Pourtant, j'ai toujours refusé qu'elle te protège. Qu'elle se sente responsable. Je ne veux pas qu'elle devienne un double de moi avec toi. Ni qu'à pousser entre toutes les deux, tu persistes dans l'infantilisme. Sinon, comment réussirez-vous un jour à vous décoller l'un de l'autre ? Comment grandiras-tu sans elle ? Comment pourra-t-elle vivre sans toi ? Quel couple infernal, toi dans son ombre, elle despotique.

Je t'entends d'ici, à soixante-dix ans passés :

— Pas vrai que ?

J'ai longtemps veillé sur ma sœur. J'ai été l'aînée, la seconde mère et parfois la vraie quand il n'y avait pas d'autre choix. Je sais combien ces chaînes-là vous pèsent. C'est à vie. Pendant des années nous n'avons pas pu avancer l'une sans l'autre. J'ai surveillé ses sorties, ses amis, ses carnets scolaires. Elle m'a empêchée plus d'une fois de dormir en rentrant le dimanche matin à l'aube. Il m'a fallu être mère à mon tour pour détacher ce cordon-là. Son fils lui a permis de le trancher définitivement. Aujourd'hui, nous sommes enfin ce que nous aurions toujours dû être : deux sœurs. Rien de plus.

Comme je l'ai fait avec ma propre sœur, j'ai tendance à te surprotéger. Je te manifeste plus d'indulgence qu'à la tienne. Malgré moi, vos rôles sont distribués. Je la valorise et je te couve. Tu es encore un peu mon bébé. Elle est depuis longtemps « ma grande ». Tu m'attendris et je l'admire. Aurais-je agi de la même façon si tu étais l'aîné et elle la cadette ? C'est à voir, mais je crois que oui. Parce que tu es un garçon, je n'éprouve pas le besoin de te pousser en avant. Ta force future me semble acquise. En revanche, je suis attentive à ta fragilité. Tu me sembles tellement plus vulnérable.

Je vous aime autant mais si différemment. Comment vous l'expliquer, à vous qui criez tout de suite à l'injustice ? Car votre rêve secret est d'être chacun l'unique. Le plus choyé. Je vous prends tous les deux dans mes bras. Vous couvre de baisers. Tout de suite, vous cherchez les préférences.

— Avant qu'il naisse, qui tu aimais le mieux ?

— Toi, puisqu'il n'était pas né.

Elle triomphe :

— Tu vois bien ?

Je corrige :

— Oui mais maintenant je vous aime de la même façon.

C'est à ton tour de te rengorger.

— Et même plus.

Pourtant c'est elle qui t'a consolé le premier jour où nous sommes toi et moi rentrés de la clinique. Tu pleurais. Elle s'est penchée sur ton couffin, t'a bercé.

— T'en fais pas, petit frère. Tu verras, ma maman est très gentille.

Tu lui rends la pareille. Elle te porte sur son dos comme elle l'a vu faire, à la télé, aux petites filles du tiers-monde. Très fier, tu me regardes.

— Ma sœur, c'est Popeye.

N'empêche, vous râlez souvent d'être deux. Vous vous précipitez sur moi.

— C'est ma maman à moi.

— Non c'est la mienne.

Vous vous battez jusqu'à ce que je me lève et vous renvoie au tapis.

Puis nous faisons la paix. Un genou chacun et gare à celui qui passe la frontière. Ce qui te console, c'est l'idée d'être un jour plus grand qu'elle.

Psychanalyse

Petit déjeuner. Ta sœur déchiffre les gros titres de *L'Événement du jeudi* qui propose un dossier sur la psychanalyse.

— C'est quoi la psychanalyse ?

Elle prononce « psycha » comme petit chat. Je rectifie. Me lance dans une explication que j'espère compréhensible, entre deux gorgées de café.

Elle me regarde, dubitative, en mâchonnant sa tartine de Nutella. Toi, tu t'es déjà bouché les oreilles. Les conversations « sérieuses » t'assomment. Surtout celles que tu n'as pas provoquées. Et puis tu as décidé une bonne fois pour toutes que tu ne comprenais rien à ce qui passionne les grandes personnes.

Si je voulais vraiment t'intéresser, je t'expliquerais que Freud est une super-tortue Ninja douée de super-pouvoirs télépathiques. Qu'il a inventé l'art de guérir les gens rien qu'en les écoutant lui parler d'eux-mêmes. Que quand ils lui racontaient des rêves bizarres (tu te souviens de celui où tu pleurais parce que ta sœur était morte ?), il réussissait à comprendre tout à fait autre chose et à démêler leurs soucis.

Avec ta sœur, je supprime les Ninjas. Nous sommes déjà dans de plus hautes sphères. J'allonge la sauce avec le divan, je rajoute un peu d'inconscient, je saupoudre de « chagrins » et de « problèmes ».

Peine perdue. Pour elle, c'est clair, je parle viennois. Au bout de dix minutes cependant, moi m'embrouillant, elle, m'assenant des : « J'comprends rien à ton truc bidule », son œil s'allume.

Enfin.

— Tu veux dire, c'est comme la dame dont tu parlais l'autre jour à propos du pipi au lit de mon frère ?

Soulagée, j'acquiesce.

— Ah ! mais il fallait commencer par là... Une psychomachin, quoi...

C'est ça. Psychomachin et psychochose. Psychanalyste, psychiatre, psychothérapeute. Psy, psy... Tous ces gens qui ont empoisonné ma vie d'adolescente (à quatorze ans je me suis autodiagnostiquée deux ou trois névroses et autant de psychoses en découvrant *Introduction à la psychanalyse* du grand, du bon Sigmund), qui ont foutu en l'air mes années de jeune fille rebelle (j'avais, c'est clair, un problème au niveau du vécu), et qui aujourd'hui titillent mes angoisses de mère de famille.

Tous ces gens qui s'expriment en sentences, qui se mêlent d'avoir un avis sur tout, qui possèdent un point de vue sur chacun de tes actes et chacun des miens. Je sais de quoi je parle. Je les ai tous lus. Dans le texte et dans les magazines, puisque aujourd'hui tout passe par le moule de la vulgate psy.

Pas une minute de la journée sans que je me demande si VOUS ne somatisez pas, si JE ne vous traumatise pas, si ON ne vous perturbe pas. Au moindre bobo, je cul-pa-bi-li-se. Tout m'est prétexte. Un cauchemar, un pipi au lit tenace, des verrues, des maux de ventre, une mauvaise note à l'école, une fessée, une punition, des cris, une parole maladroite, deux ou trois soirées passées dehors sans être au préalable rentrée vous raconter l'histoire qui endort et vous donner le dernier baiser pour affronter la nuit. Bref la vie même. Votre vie.

Je m'interroge. Est-ce que je traite bien ma fille en fille et mon fils en garçon ? Suis-je pour elle un modèle auquel s'identifier ? Ne suis-je pas omniprésente ? Ne vais-je pas la bloquer ? Suis-je la « bonne mère », la « mauvaise mère », que sais-je encore, à défaut d'être LA mère tout court ?

Et avec toi, ne suis-je pas castratrice ? Est-ce que j'interdis bien ? Quand tu viens dans mon lit tout chaud encore de sommeil pour le câlin obligatoire du matin, quand je te serre très fort, quand je renifle ton petit cou tout chaud parce que j'aime par-dessus tout ton odeur de vanille, quand je dépose des baisers bruyants sur ta joue tiède, n'est-ce pas très mauvais pour ton développement futur ? Ne suis-je pas en train de t'initier à l'inceste ?

Mes questions n'attendent pas de réponses. Pourtant elles reviennent souvent. « Tu as tout faux », me chuchotent dans mon sommeil Dolto et Brazelton, Bettelheim et Cramer et même le docteur Spock. Avec toi, avec elle, je passe mon temps à marcher sur des nœuds. Déménager après ma séparation d'avec ton père (ne parlons même pas de cet acte-là qui m'a valu, à moi, des dizaines et des dizaines de séances tellement j'avais peur de vous tournebouler à vie). Je consulte fiévreusement mon bréviaire doltoïen : « Quand les parents se séparent. » Accablée, je lis que « l'appartement est comme une deuxième mère. Le quitter serait pire pour les enfants que divorcer ».

Bien. Au lieu de laisser un endroit que je n'aime plus, un quartier excentré, six étages à pied, je m'incline. Je reste. Nous restons. Vous satisfaits, moi dubitative. Pour votre bien, a affirmé Dolto. Vous avez une fois de plus le dernier mot.

Traumatisme. En ton nom combien de redditions, combien de « sacrifices »... Je me souviens de mon enfance d'ex-« traumatisée ». A l'époque, j'en ignorais jusqu'au vocable. Aujourd'hui et quelques centaines de séances plus tard, je dénombre jusqu'à m'en faire pleurer (c'est pour mon bien, je me l'accorde) les « sévices » accomplis dans « l'innocence » par mes « tortionnaires » de parents. Si je suis une mère attentive, me dis-je, sans doute vous éviterai-je de ressasser inlassablement votre enfance incomprise. Une réflexion qui revient plusieurs fois par semaine et de préférence après mes sacro-saints trois quarts d'heure de doléances.

Qui comptabilisera l'argent claqué pour vous éviter quelques paires de claques ?

Grande naïveté. Déjà, je sais que c'est raté. Sur votre plan d'épargne-divan, s'accumulent les comptes à régler au fur et à mesure des années.

Divorce : trois millions de séances. Mais divorce à l'amiable avec parents qui s'entendent : moins un million. Sauf que, justement, n'est-ce pas pire que des parents qui se disputent ? Allez zou, on rajoute un million de séances. Déménagement (on va bien finir par le faire) : encore un petit cent mille. Maîtresse inapte ? On double les tarifs. Nounou idiote qui menace de te « couper le zizi » parce que tu mouilles ta culotte ? Carrément douze millions... Au jeu du juste prix à payer, la liste est loin d'être complète. Plus vous grandirez et plus elle va s'allonger.

Parfois j'essaie de ne pas trop vous imprégner. J'évite d'employer ce jargon que nous assenons tous à tort et à travers. Peine perdue. Depuis votre naissance, vous barbotez dans le liquide psychologique. Lorsque, récemment, je suis entrée à l'hôpital pour subir une intervention bénigne, je me suis efforcée de vous rassurer avec des mots simples. Vous avez fait semblant de me croire.

Plus tard, bien plus tard, alors que je croyais l'épisode effacé, serrés contre moi sur mon lit, vous m'avez avoué votre peur.

— Mes amours, pourquoi ne m'en avoir rien dit ? ai-je demandé, émue, coupable encore et rétrospectivement.

Vos deux voix se sont faites vibrantes.

— On ne voulait pas te traumatiser.

Peurs

— J'ai beaucoup de chance, dit-elle en soupirant. Quand j'aurai vingt-huit ans, ma maman me laissera traverser la rue toute seule. Et à trente ans, je prendrai enfin l'autobus.

Je n'y peux rien, j'ai peur. Pour toi. Pour elle. J'ai peur pour vous. Pour rien au monde je ne vous l'avouerai. Et je sais que vous n'êtes pas dupes.

Je vous veux indépendants et j'ai le désir violent, animal, de vous protéger. Je n'ai pas envie de vous élever dans un cocon, mais je tremble à l'idée de tout ce qui pourrait vous atteindre au-dehors. J'oscille entre la volonté de vous rendre au plus vite autonomes et la crainte de cette autonomie trop rapidement acquise.

Tout me panique. Les accidents de voiture, les enlèvements, les crimes contre les enfants, les rivières et les piscines, les chiens, les fenêtres, les murs à sauter, les brutes à la récré, les fièvres soudaines, etc. Je fais un effort sur moi-même pour cacher mes appréhensions. S'il vous arrive un petit problème, une dent cassée, une vilaine coupure, une opération sans gravité, je sais vous rassurer. Je ne perds pas mon sang-froid. C'est plus tard que je digère mes frayeurs, que j'ai envie de m'évanouir comme Bugs Bunny une fois à l'abri dans son terrier, quand il a échappé au chasseur.

Cette responsabilité à vie m'effraie. Avant, je ne m'occupais que de moi. Aujourd'hui, vous êtes mon souci permanent dans les grandes choses comme dans les petites.

Vous partez en colonie de vacances. Le chauffeur est-il alcoolique ? Les moniteurs sont-ils vraiment qualifiés ? Je tremble. Je vous laisse à la maison sous la surveillance d'une nounou. Et s'il y avait un problème ? Un incendie ? Des voleurs ? Je tremble. Dès que vous prenez l'avion, j'écoute les infos, m'enquiers des catastrophes aériennes. Je tremble encore.

Je ne vais tout de même pas vous mettre en cage.

Bien sûr, mes angoisses s'atténuent au fur et à mesure que vous grandissez. Mais je sais déjà qu'il y en aura d'autres. Respirerai-je quand vous atteindrez l'âge adulte ? C'est à voir. Les guerres et les tremblements de terre, le choléra et les accidents de voiture, les motos et les avalanches, le cancer et les catastrophes nucléaires, la dépression nerveuse et la bombe atomique.

— Tu es une vraie mère juive, plaisante ton père qui ne soupçonne pas le quart de mes souffrances.

Mère en tout cas. Je voudrais l'y voir...

Autorité

Huit heures et quart. Toi et moi face à face dans la cuisine. Mal réveillés. Ton lait au chocolat n'en finit pas de chauffer. Tu me bouscules.

— Faut qu'on se dépêche, sinon la maîtresse va me gronder.

— Écoute, un retard, ça n'est pas si grave. Ce n'est pas la peine d'avoir peur.

Silence. Tu lèves la tête. Plante ton regard dans le mien.

— On a tous besoin d'avoir peur.

J'avais oublié cette donnée importante. C'est vrai, on a tous besoin d'avoir peur. De craindre quelqu'un ou quelque chose. A ton âge, tu sais déjà qu'il te faut des barrières.

Comme garde-fous, tu nous as. Ton père et moi. Nous ne sommes pas toujours autoritaires. Et en tout cas, différemment. Je crie fort là où il semonce tout bas. A chacun son caractère.

Souvent nous laissons filer. Je n'aime pas les carcans, les prisons. Et tant pis si les horaires sont parfois un peu lâches. Il faut dire que l'éducation à la baguette ne se pratique plus guère. Je tremblais devant mon père. Je ne veux pas cette relation-là avec toi.

Je refuse pareillement le laxisme. J'ai trop observé d'exemples redoutables. De gamins élevés sans lois ni maîtres, comme il a été de bon ton de le faire pendant quelques années. Le résultat est détestable. Les enfants du laisser-aller aujourd'hui manifestent. Ce sont eux qui réclament des profs, des pions, des structures. Déboussolés. Et les parents paient pour leur négligence.

Nous, nous naviguons à vue. Entre interdictions et négociations. C'est la nouvelle forme de dialogue.

— D'accord, je range ma chambre mais j'ai le droit de regarder la télé.

— D'accord, encore deux bouchées de pâtes mais alors tu me donnes deux Danettes au chocolat comme dessert.

Nous a-t-on assez seriné que vous deviez-vous exprimer ? Ça, vous n'avez pas la langue dans la poche. Avec toi, avec elle, avec vous tous, la vie est un marchandage permanent. Depuis que vous êtes en âge de parler, vous parlementez. Tout vous est prétexte. Échange bonnes manières contre Chevaliers du Zodiaque. Troque « Cendrillon » contre chambre bien rangée, visite au docteur contre surprise, place de premier contre argent de poche.

Vous êtes la deal génération.

C'est notre faute aussi qui vous demandons votre avis même lorsque c'est inutile.

— Tu préfères du jambon ou des œufs ? Le Luxembourg ou le zoo de Vincennes ? Ton jean bleu ou ton short noir ? Aller chez ta grand-mère ou rester avec moi ?

On n'impose plus. On expose. Au risque de vous embrouiller. Au risque de ne plus rien maîtriser. Nous vous laissons le choix parce qu'il y a trop de choix. Quand j'étais petite, les choses étaient plus claires. C'était comme ci et pas comme ça. Ce sont d'anciens enfants frustrés qui vous élèvent.

De temps en temps, lorsque la situation l'exige, j'exige aussi. C'est non parce que c'est non. Question de survie. Je menace. Je hurle. Parfois ma main s'égare. Celle de ton père aussi. On m'aurait bien surprise si on m'avait prédit que j'en viendrais un jour aux châtiments corporels.

— Tu devrais avoir honte de frapper ton fils, lui dis-tu, la rage dans la voix.

J'ai droit à d'autres reproches.

— Maman, tu me fais de la peine, beaucoup de peine.

Tu as déjà compris par quelle culpabilité nous prendre. Mais je ne marche plus. Une fessée de temps à autre ne me paraît pas très grave. Et puis tu sais si bien me faire payer. Je me souviens du jour, le premier, le seul, où une gifle est partie. Incontrôlée. J'ai eu si honte et si mal pour toi qui me regardait les yeux pleins de reproches en frottant ta joue zébrée, que j'ai passé dix minutes à me justifier. A expliquer ce geste inqualifiable en invoquant ma fatigue et ma nervosité. Lourde erreur. Quelques jours plus tard, au moment du câlin du soir, tu m'as renvoyé la balle :

— Tu te rappelle la fois où tu as été si méchante en me giflant injustement ?

La prochaine fois, j'assumerai mon côté tortionnaire. Je me tairai, dussé-je me fustiger en cachette.

Je m'accroche. Je sais de mieux en mieux dire non. Je ne veux pas que tu sois un voyou. Un futur délinquant. Un petit casseur. Un drogué, un fugueur... J'ai la terreur que tu deviennes un jour un de ces enfants qui battent leur mère. Que tu tournes mal : une angoisse de plus. Pourtant je sais qu'il n'y a pas plus doux que toi, même si ton insolence me donne du fil à retordre (j'avoue, parfois elle m'amuse).

Encore cette crainte de mal agir.

« Si je suis trop autoritaire, je vais le brimer, si je ne le suis pas assez, il va mal tourner. »

Comme j'aimerais avoir la science de l'éducation infuse.

Vocation

Nous jouons aux « métiers ». C'est ton tour. Très fier de toi, tu te penches vers ta sœur, lui chuchotes quelques mots à l'oreille. Vous entamez un duel imaginaire à l'épée, dont tu es le vainqueur. Après avoir épuisé tous les noms qui me viennent aux lèvres : maître d'armes, chevalier, champion d'escrime, je donne ma langue au chat.

— Héros, t'exclames-tu, triomphant.

C'est pour toi le métier idéal.

Tu ne sais pas encore que la barre est très haut.

Télévision

Tu ne peux pas t'en passer. Elle fait partie de ta vie. De celle de ta sœur et de tous vos amis. J'ai beau fixer les heures des programmes, vérifier ce que vous regardez, essayer quand je le peux d'en parler avec vous, ça m'échappe. Vous absorbez bien plus que je ne l'imagine. Bien plus que je ne le voudrais. Avouons-le, c'est bien pratique. Que le parent qui n'a jamais calmé ses enfants d'un coup de télécommande magique se lève et me dénonce.

C'est aussi la meilleure mcnace pour te punir, le sésame pour t'assagir :

— Privé de télé.

Cette téléphagie ne m'ennuie pas trop. Tu as d'autres centres d'interêt. Tu aimes les livres, le dessin, l'école, les copains, les jouets, la musique, le sport. Je ne vois pas d'inconvénient à ce que la télé complète ton savoir. C'est un outil d'éducation parmi d'autres. Un loisir comme le reste. Seuls l'abus et le non-discernement la rendent détestable. Mais c'est mon rôle de veiller au grain.

Je ne supporte pas ceux qui d'emblée déclarent :

— Mes enfants ne voient jamais la télé.

De quel droit devrais-je te sevrer de ce qui constitue tes codes ? Supprimerais-je les tortues Ninja ou Mac Gyver que la cour de récré se chargerait de me remettre à l'ordre. Je ne vais pas te léser. Et puis c'est l'outil idéal pour te faire découvrir les grands classiques. Quand j'étais enfant, il y avait « Le petit théâtre de la jeunesse », Rouletabille, les Jules Verne. Vous, vous avez apprécié « Sans-famille », « Les trois mousquetaires », « La Tulipe noire », « Olivier Twist ». Inlassablement ensuite, tu réclames que je te raconte encore l'histoire. Tu me demandes les livres. Je ne m'en plaindrai pas.

Moi aussi j'étais accro à l'image. Je n'en suis pas devenue plus abrutie pour autant. Mes références télévisuelles, Zorro et Jean Nohain, Poly et le Temps des copains, Max la Menace et les Shadocks, font partie de ma culture enfantine tout autant que la

Bibliothèque Rose et les comptines. C'est aussi comme ça que je communi(qu)e avec ceux de ma génération. Une de mes petites madeleines.

— Tu te souviens des « Trois lanciers du Bengale » ? Et la chanson de Zébulon ? Et le générique d'« Age tendre et Tête de bois » ?

Tous les deux, vous n'aimez pas du tout les mêmes choses. Tu préfères « Robocop », « Ken le Survivant », « Albator », ce qui bouge et qui claque, les combats intergalactiques, les histoires de robots que tu me fais acheter ensuite, sous prétexte que tu as été si sage.

Elle se régale de « Cosby show », « Happy days » ou « Madame est servie ». Elle est déjà teen-ager dans l'âme. A ton âge, elle adorait les Schtroumpfs, la Petite Princesse et Candy. Seul Walt Disney vous met d'accord. C'est tant mieux. Je ne connais rien d'autre qui soit si bien adapté à l'enfance. J'ai revu avec vous toute votre collection de cassettes. J'ai appris par cœur, comme vous, les répliques de Merlin, la chanson de Cendrillon ou les premières phrases de Bambi :

« C'est l'Homme qui a mis le feu à la forêt ».

Je n'ai pas d'*a priori* contre les dessins animés japonais. Idiots, stupides, je le concède. Mais pourquoi n'aurais-tu pas droit toi aussi à la bêtise ? Je refuse ce faux procès contre leur prétendue violence. D'abord elle ne t'atteint pas. Pas plus ni moins en tout cas que la sorcière de *Blanche-Neige* ou le tigre du *Livre de la jungle*. Tu sais depuis longtemps que tout ça n'est pas vrai.

Tout comme tu as compris depuis belle lurette que les méchants loups n'existent pas. Du moins pas à Paris. Du moins pas sous les lits ni derrière les rideaux. On ne les rencontre que dans les livres d'images. Et dans le poste. Ils n'en sortent jamais.

Le petit écran te rend-il, vous rend-il plus belliqueux pour autant ? Je n'ai rien observé de tel sur ta sœur. A peine se contente-t-elle de m'avertir hypocritement lorsqu'elle juge qu'un programme n'est pas tout à fait de ton âge.

— Maman, c'est trop violent pour lui.

Toi, tu es tour à tour Donatello ou Bioman, tu joues du nunchaku ou du rayon laser, tu poses des bombes, tu les fais exploser. Tu es un valeureux soldat et chaque jour tu repars vers de nouvelles batailles. Mais qu'on ne me dise pas que c'est la télé qui a inventé la guerre. A un an, sans rien connaître du petit écran, tu fabriquais déjà un revolver avec deux ou trois Legos. Amplifie-t-elle ton agressivité naturelle ? Peut-être. N'est-elle pas surtout un exorcisme ?

Est-ce à dire que je trouve la télé parfaite ? Loin de là. Je me demande souvent quelle est ta vision du monde. De la réalité. Ce qui passe à travers les mailles de mon petit filet. Ce que tu absorbes par hasard et qui ne t'est pas destiné.

Les bandes-annonces des films de terreur saucissonnées entre deux émissions pour la jeunesse. Des bribes d'info captées au Vingt heures. Quelques hommes politiques semblables en tous points à leurs sosies de carton-pâte. Des bombardements et des hold-up. Des jeux débiles. Des bouts de feuilletons affligeants. Des pubs que tu chantonnes au mot près. Tu apprends la géographie au Journal télévisé, l'histoire dans les dessins animés, à lire avec la Roue de la fortune, à danser avec le Top 50.

Que vas-tu retenir de tout ça ? Un horrible mélange. Trente morts sur la route, trois cents à Beyrouth, trois mille au Kurdistan ou au Mozambique. Et encore ? Des femmes qui dialoguent avec leur poudre à laver, des pères qui ne se préoccupent que des couches du bébé. Des voitures qui parlent. Des frites qui dansent. Des tortues qui mangent des pizzas. Des yaourts qui susurrent des mots doux. Michael Jackson et Dorothée, Poivre d'Arvor et Patrick Bruel, New York et le Bangladesh, et des images venues, câble oblige, de toutes les chaînes du monde. Impossible dans toute cette pagaille de savoir ce qui est vrai ou faux. Ça ressemble à un immense théâtre de marionnettes, un clip géant, où s'agitent des bons et des méchants, des fous et des sages. Et tout finit par des chansons.

La vie est là-bas, coincée derrière un écran de verre. Tu ne la connais pas mais tu sais qu'elle existe Tu absorbes cette réalité complètement irréelle. Tu trieras plus tard. Comme dans tes dessins animés préférés, tu es grâce à la télévision le maître du monde. L'univers est ton royaume et la télécommande ton rayon laser.

Je ne m'inquiète pas. Tu as, tu auras, les moyens intellectuels de décoder. Mais ceux pour qui la télé est l'unique fenêtre ?

École

Quelques mois encore et tu seras un grand. Accepté à la grande école. Quand tu te lèves tout embrumé le matin, que tu me réclames quelques minutes de sommeil supplémentaires, j'ai pitié de toi. Je me dis qu'à partir de l'année prochaine tu vas en prendre pour dix ans au moins. Dix ans de levers à l'aurore, de départs dans la nuit, de cartables trop lourds. Dix ans de discipline, de silence, de rabâchages, de punitions ou d'heures de colle, de maux de ventre à la veille d'un contrôle. Dix ans d'ennui, dix ans d'école.

Je me demande comment le petit bonhomme remuant que tu es va se transformer en élève appliqué ? Tu vas apprendre à lire, à écrire, à compter. Tu vas passer de la petite enfance où rien n'est encore imposé à la cour des grands, celle des vraies plaies et des vraies bosses. Tu vas découvrir la compétition, la discipline.

Pour moi, l'école est le lieu où tu m'échappes. Le lieu où tu passes déjà la moitié de ta vie, où on te modèle, où on te façonne. Autrement. Je ne contrôle pas. C'est ainsi. Je suis déjà ennuyée à l'idée que tu puisses tomber sur des imbéciles, des sadiques, des je-m'en-foutistes, des incapables, qui t'ennuieront ou briseront ton élan tout neuf. Je sais que face à eux, je n'aurai aucun pouvoir. Leur parole sera d'Évangile.

— C'est la maîtresse qui l'a dit...

Il te faudra des années avant que tu oses contester l'Éducation nationale. Aujourd'hui, c'est moi qui ai des doutes sur ce qu'on va t'enseigner et sur qui va le faire. Je ne remets pas en cause la valeur des maîtres. Mais pour transmettre le savoir il faut de l'enthousiasme et de la patience. Je ne suis pas sûre que tous en aient à revendre.

Souvent je fais un mauvais rêve. Je retourne au lycée. Toute la nuit je repasse le bac et je n'ai pas assez travaillé pour l'avoir. Je devrai donc rester encore deux ans sur les bancs à réviser les maths et la physique, où je n'excellais pas, loin s'en faut. Je réussis à me réveiller seulement quand je récapitule ma vie et que je découvre que les études ne me concernent plus. Je les ai laissées loin derrière moi.

Pourtant j'ai aimé ce temps où il fallait apprendre. Les révisions à plusieurs, l'angoisse avant l'examen, l'ivresse de maîtriser une question à fond. Mais il y avait aussi les jours où je ne savais pas, la trouille de passer au tableau, l'ennui mortel avec des profs incompétents ou peu pédagogues, les matières dont je ne comprenais pas l'utilité et que j'ai oubliées aussi vite que je les ai apprises. Je ne sais plus extraire une racine carrée, ni de quoi est formée une roche, ni la formule de l'hydrogène. Je n'en vis pas plus mal. Dire que j'ai passé des semestres à essayer de les assimiler.

A mon goût, on absorbe trop de choses, trop vite et trop tôt. Je déteste les bourrages de crâne qui commencent dès la petite enfance, les emplois du temps trop chargés, les apprentissages outranciers, la compétition à la japonaise, la boulimie de culture.

Les profs ne sont pas les seuls responsables.

— Mon fils fait du piano, de la poterie, de la peinture, il vient de commencer l'anglais, je lui fais donner des cours de maths pour le préparer à l'entrée à Polytechnique, on ne s'y prend jamais assez à l'avance, et le prof de judo a dit qu'il était le meilleur du cours.

— Ah ! bon, il a quel âge ?

— Tout juste quatre ans.

Je ne supporte pas les petits génies, les surdoués, ceux que leurs parents poussent à outrance. A quoi cela sert-il de leur voler leur enfance ? Quelle importance s'ils intègrent l'ENA à vingt ans plutôt qu'à vingt-deux, en étant de surcroît premier prix de conservatoire de violon et champion de France junior de gymnastique ? Si c'est pour les lancer dans la vie active avant tout le monde, triste cadeau. Surtout au prix de journées vouées à l'étude plutôt qu'au jeu ou à la flânerie. D'autant que celles-là ne se rattrapent plus guère.

Je rêve d'une école où on prendrait le temps. Où on comprendrait ce qu'on absorbe même si c'est pour en apprendre moins, au lieu de se précipiter pour boucler un sacro-saint programme. A huit ans, après six heures de cours, ta sœur a encore une demi-heure de devoirs à faire à la maison. Et ça empire dans les grandes classes. Je suis effarée devant ce qu'on ingurgite au lycée, devant les heures passées à la maison pour étudier encore. Quand prendre le temps d'apprécier la lecture ? Et comment l'aimer si c'est avant tout une obligation scolaire ?

Alors, bien sûr, j'ai envie que tu sois brillant. Que tu réussisses. Que plus tard tu sois heureux d'exercer un métier choisi et aimé. Que dans tes années d'études, tu t'épanouisses. Mais quel dommage de passer une bonne partie de ton enfance et de ta jeunesse enfermé entre quatre murs qui suintent d'abord l'ennui. Je ne te l'avouerai pas tout haut, mais pour rien au monde, élève mon fils, je ne retournerais m'asseoir à ta place.

Amour

Elle te taquine encore.

— Maman, il est amoureux, dis à maman que tu es amoureux. Hein que tu es amoureux ? Elle s'appelle Elise... Dis-le... Dis-le...

Tu me regardes, puis tu te détournes. Dédaigneux.

— Et alors ? C'est pas un secret, l'amour.

Sexualité

Je jouais avec ma sœur et ma cousine sur le balcon de notre appartement de Boulogne. J'avais dix ans, peut-être un peu plus. Une simple paroi de verre nous séparait de la terrasse du studio d'à côté. En nous penchant légèrement, il nous était facile de voir ce qui s'y passait. C'était un dimanche. Il faisait beau. Nous avions épuisé les joies de la marelle.

Pourquoi l'idée nous a-t-elle traversé l'esprit ce jour-là et pas un autre ? Les baies vitrées de la voisine étaient grandes ouvertes, les rideaux relevés. La voisine était nue. Couchée sur un homme. Fascinées nous avons suivi le va-et-vient de son gros postérieur, entendu ses gémissements, puis ses cris. Nous avons gloussé et gloussé encore, la main sur la bouche pour qu'elle ne puisse pas nous surprendre.

Ma cousine nous a alors tirées en arrière.

— Ils font un enfant, nous a-t-elle expliqué doctement.

Elle était notre aînée et fort savante en la matière. C'est à elle que je devais les maigres rudiments d'éducation sexuelle que mes parents n'osaient pas me dispenser. Plus courageux, plus naturels aussi, mon oncle et ma tante lui avaient depuis longtemps « tout expliqué ». Aussitôt, elle m'avait retransmis certaines informations que j'avais mis du temps à analyser.

Pendant des mois, j'ai guetté le ventre de la voisine, honteuse de l'opprobre qui allait bientôt la frapper dès que son état deviendrait visible. Elle n'était pas mariée. Elle serait donc fille mère car sur sa boîte aux lettres, son état civil n'avait pas changé. J'ai compté et recompté les jours, puis je me suis lassée. Sans doute avait-elle fait une « fausse couche ».

Aucune grande personne ne m'a directement parlé de sexualité dans mon enfance. Depuis mon âge le plus tendre, pourtant, j'avais entendu les récits de ma mère, de ses amies, proférés à mi-voix. Je saisissais des bribes, des mots, des expressions que je ne comprenais pas et dont je demandais, plus tard, l'interprétation à ma cousine.

« Fausse couche » était de ceux-là. Il y avait aussi « curetage », « retard », « règles », « faire tomber », et d'autres encore, tous plus sibyllins les uns que les autres. On racontait des vies gâchées par des grossesses trop précoces ou bien trop rapprochées. Des histoires de mariages arrangés, d'enfants illégitimes, de scandales chuchotés où affleuraient « mauvaise vie », « adultère », « tromperies », « coucheries ». Ce qui ressortait de toutes ces conversations intimes, c'était le triste sort réservé aux femmes. L'homme disposait, elles subissaient. Surtout les conséquences.

Un enfant non désiré était une catastrophe. Mariée, on se débrouillait pour le faire « passer ». Mais jeune fille ? Quand j'entendais dire d'une telle qu'elle « couchait », je devinais que la condamnation était sans appel. Avant le mariage, statut social par excellence, la virginité était une vertu essentielle. Ensuite venait la fidélité. Le plaisir était suspect.

Longtemps, j'ai été persuadée que le but de l'amour était de procréer. On ne m'a d'ailleurs jamais appris autre chose. Timide, je ne posais aucune question, ni à ma mère, ni surtout à mon père. Comment aborder ces « affaires-là » avec un homme ? Et surtout avec lui qui m'intimidait tant ? J'aurais pu en mourir de honte. D'ailleurs, ça n'aurait servi à rien. Il aurait esquivé, pris un air gêné, qui m'aurait rendue encore plus mal à l'aise.

Plus enhardie, ma sœur essayait bien de temps à autre de mettre le sujet sur la table. Elle s'informait sur cette fameuse « petite graine » dont on ne savait pas très bien d'où elle venait, où elle allait, ni surtout comment on la véhiculait. Certes, le papa la donnait à la maman, mais par quel biais ? Était-ce par le nombril ou par l'endroit d'où le pipi sortait ? Autant de mystères dont on avait du mal à trouver la réponse.

Le jour où, bien avant la scène du balcon, j'avais essayé de lui faire profiter de mon savoir tout neuf hérité de ma cousine, elle s'était mise à pleurer. Elle ne voulait pas imaginer tant d'ignominie. Que ces bébés qu'elle trouvait si mignons puissent venir au monde par un organe si sale.

— Je ne te crois pas, ce n'est pas possible, tu mens pour me faire enrager.

C'était possible. La preuve en est que bien plus tard, nous avons essayé. Et en cachette. Je me souviens encore de la lettre où elle me l'annonçait, triomphante. Il y avait cependant un post-scriptum à ces descriptions enchanteresses (elle ne m'apprenait rien, j'avais déjà eu deux fiancés) :

« C'est bizarre, écrivait-elle, parce que ensuite il s'endort tout de suite, alors que moi, j'ai pas sommeil. »

Elle comme moi avons donc appris l'amour « sur le tas ». Comme elle, comme nos copines, j'ai eu pas mal de chance. La bonne fée pilule s'est penchée sur moi dès que j'ai atteint l'âge requis pour m'intéresser plus avant au sexe. Jusque-là, c'est-à-dire jusqu'à mes dix-sept ans, la seule question qui nous importait était de savoir où il fallait s'arrêter, frontière qui, avec les mois, devenait de plus en plus imprécise.

Chance folle, te dis-je. A l'âge de mes premières envies, de mes premières pulsions, la contraception venait d'entrer dans les mœurs. L'avortement devenait une juste revendication. J'ai milité pour qu'on le légalise, me jurant cependant de tout faire pour n'y avoir jamais recours. Mais cette sécurité-là n'était pas négligeable. J'aimais avec insouciance comme on devrait toujours le faire. Sans crainte d'enfant non désiré, dont, petite, on m'évoquait avec effroi le spectre.

J'étais libre. Je changeais, nous changions de partenaires, selon l'envie du moment. Vie en couple, puis vie en solo, amours multiples, vies parallèles : rien que de très normal aujourd'hui. Mais à l'époque, c'était la fête. La grande découverte du plaisir sans contraintes et sans risques. Les parents étaient bien obligés d'accepter l'évidence : nous n'aurions jamais la vie qu'ils avaient menée. Le mariage tant prisé devenait à son tour un mot tabou sur nos lèvres.

— Tu peux m'expliquer comment c'est l'union libre ? m'avait un jour demandé une amie de ma tante, mariée à dix-huit ans et mère de trois enfants à vingt-cinq. Qui fait la cuisine ? avait-elle ajouté, perplexe, devant un mode de vie qu'elle n'arrivait pas à appréhender.

C'était pour elle la transgression la plus osée que d'évoquer un homme devant une casserole. Le reste, elle n'osait même pas y penser, m'imaginant sans doute une vie des plus débridées.

Il ne fallait rien exagérer. Certes, si je comparais mes vingt ans à ceux de ma mère arrivée vierge à son mariage, je mesurais à mon actif les différences. J'étais du bon côté de la barrière. Comme les garçons jadis, les filles aussi vivaient leur vie. Et elles en profitaient. Non sans mal.

Avec la fréquentation des gynécologues-gourous qui fleurissaient à l'époque et la lecture assidue des magazines féminins qui un mois sur deux titraient sur l'orgasme, ma sœur et moi avions fini par découvrir pourquoi « ils » s'endormaient et comment nous devions « les » empêcher de le faire. C'est que toute une éducation par le silence était à reconsidérer. « Apprenons à faire l'amour » titrait un des livres clés du moment. C'était notre credo chaque jour. La tâche n'était pas évidente. Nous les filles, nous comprenions vite, nous ne demandions qu'à mettre en pratique nos révélations livresques. Les garçons étaient plus réticents. Ils n'aimaient pas nous entendre, peut-être parce qu'on ne les avait jamais habitués à évoquer ce genre de choses. Ni surtout à se remettre en cause. Leurs grands-pères avaient emmené leurs pères voir les filles. Ceux-ci avaient encouragé leurs fils dans leurs amours ancillaires. Du plaisir de l'autre, c'est à dire des femmes, il n'était pas question.

Il est vrai qu'à force d'explosion des mœurs, ces affaires-là sont devenues conversations courantes. Le sexe a tellement envahi nos vies, qu'on se demande comment nos grands-mères ont pu survivre sans avoir connu le frisson suprême. Le plaisir obligatoire est sans doute aussi triste que son contraire. Et sans conteste, plus contraignant.

Tu vois, j'aurais adoré, dès ton adolescence, te parler de ce dont on ne m'a jamais parlé. Avec gaieté, avec bonheur.

Pas seulement te donner une éducation « technique ». Sur ce point précis, tu seras bientôt incollable. Tu poses des questions et je te réponds, sans tabou, avec les mots qui siéent à ton âge. Inutile de dire que toi, tu n'as pas pleuré, quand je t'ai tout raconté sur la petite graine.

Ne l'aurais-je pas fait que ton maître, à l'école, s'en serait chargé. Ou ta sœur. Ou tes copains. Ou la télé. Ou ton pédiatre qui emploie des expressions savantes que tu reprends sans sourciller à ton compte. Le « petit pénis », la « petite verge »... Déjà, tu me corriges quand je parle bêtement de « zizi ». Pour tes presque six ans, tu es bien en avance. Largement, en tout cas, sur mes six ans à moi.

Pas non plus t'assommer avec un « savoir-faire » que je ne me vante pas de posséder. L'amour s'apprend en le faisant. A chacun ses livres d'école. Je ne me vois pas t'expliquant le point G ou te déclinant le *b a ba* de l'orgasme. Quelle horreur et surtout quel ennui !

Mais te parler du reste. Te dire la beauté de l'amour quand on aime. T'apprendre à respecter qui tu aimes. A ne pas te comporter en petit mâle qui prend et jette après usage, même si, c'est normal, tu auras longtemps envie de papillonner. Conversations à bâtons rompus, sans bêtifier outre mesure. Conversations tranquilles, légères. Joyeuses et graves. D'adulte à adolescent. De mère à fils. De femme à homme.

Mais aujourd'hui l'amour est mortel. Il y a le sida dont tu sais déjà qu'il existe. Un prétexte tout trouvé aux yeux de certains pour refréner l'envie d'aimer qui bon nous semble. Un prétexte dont la réalité est, hélas, assassine.

Alors, te dire quoi ? Qu'aimer est un danger ? Avant, la « catastrophe » liée au sexe c'était l'enfant. Donc la vie. Un moindre mal. Aujourd'hui c'est la mort. Sale héritage. Je souhaite que d'ici tes seize ans, on ait trouvé le moyen d'enrayer le fléau. De le guérir. Sinon quoi ? Je n'ai pas envie que cet apprentissage-là commence dans l'effroi. Pas pour toi, ni pour elle.

Sentiments

Nous achetons des fleurs. Je lui explique.

— C'est pour une amie qui est un peu triste.

Elle se penche, enfouit son nez dans le bouquet.

— Ça sent bon.

Puis se redressant :

— C'est bien d'offrir des fleurs à quelqu'un qui pleure. C'est assez pratique pour se moucher.

Encore une qui ne sombrera pas dans le romantisme.

Bonnes manières

Elle réclame une glace au chocolat. Tu protestes. Tu es entré dans la pâtisserie avant elle.

— C'est normal qu'on la serve d'abord, te dis-je sur un ton doctoral. C'est une fille. Les filles passent toujours avant les garçons. Ça fait partie de la politesse.

Tu râles. Tu ne comprends pas les raisons de cette distinction. A l'école, tu attaques indifféremment les deux sexes et te fais battre pareillement. A la maison, c'est ta sœur qui a souvent le dessus sur toi.

Si je t'explique :

— C'est parce que les filles sont moins fortes,

tu me regardes d'un air incrédule. A qui vais-je faire avaler ce mensonge ? Certainement pas à toi.

Si je te dis :

— C'est comme ça depuis toujours,
tu cries à l'injustice. Sans doute as-tu raison.

Moi, je ne sais pas quoi te répondre.

De mes années féministes, j'ai retenu le credo sur la stricte égalité entre les sexes. Je l'ai entonné à mon tour. Longtemps, la galanterie n'a plus été de mise. C'était devenu un comportement méprisant qui montrait à quel point les hommes plaçaient bas leurs compagnes. Du coup, je me suis adaptée. Au restaurant, j'ai partagé les additions, et même souvent empoché les notes. J'ai envoyé des fleurs aux hommes, j'ai allumé des cigarettes, j'ai porté moi-même mes valises, je n'ai pas attendu qu'on m'ouvre les portes, j'ai refusé qu'on me raccompagne. De ces petites victoires, j'ai tiré une petite gloire. Qui ne m'a pas tout à fait satisfaite.

Car je me suis retrouvée bien frustrée. Privée de ces riens subtils qui font tout le charme des relations entre les hommes et les femmes. J'ai fini par comprendre que la prévenance masculine est le *b a ba* de l'érotisme. Que les femmes n'ont pas à empiéter sur ce terrain, au risque de tout gâcher. Que, là au moins, les hommes ne doivent céder leur place qu'au figuré.

Pour tout te dire, je suis en la matière redevenue enfin rétrograde. J'aime cette séduction fondée sur les bonnes manières. J'aime l'ambiguïté qui fait qu'en ouvrant une portière même à une inconnue, un homme la traite pour quelques secondes en princesse. Je veux t'apprendre ces détails qui revêtent à mes yeux tant d'importance : t'effacer pour laisser passer une femme, offrir un bijou, donner du feu, inviter à dîner, porter un sac.

J'assume mes contradictions. Depuis que je suis en âge de travailler, je suis une forte femme. Me l'a-t-on assez répété ? Tout comme un homme, je peux étaler mon chéquier, choisir un restaurant, taper du poing sur la table, montrer mon esprit de décision. Mais mon mimétisme s'arrête à la porte de ma vie privée. C'est compliqué à t'enseigner car tu ne vois autour de toi que des comportements camarades. C'est difficile de te le faire comprendre car je t'apprends aussi, et c'est bien normal, qu'entre les sexes, il ne devrait pas y avoir de différences.

Petit garçon, comment t'expliquer ? Tu es l'égal des filles, certes. Mais traite-les avec déférence si tu désires t'en faire aimer.

Femmes
(de ta vie)

Je ne ferai pas comme mon amie Annette qui feignait la colère en changeant son petit garçon :

— Quand je pense qu'un jour, une salope viendra me le prendre.

Ni comme ma grand-mère qui affirmait en dévisageant les jeunes filles que ton grand-oncle fréquentait avant de se marier :

— Elle a le cou sale....

Ni comme ma tante qui, faussement innocente, demandait à son fils adolescent rentré à l'aube après une fête :

— Il y avait des filles ?

Je n'en ferai pas un drame, pas un plat, pas un fromage. Il faudra bien que je m'habitue à l'idée. La femme de ta vie existe. Peut-être encore embryonnaire (qui sait si tu n'aimeras que les très jeunes filles ?). Peut-être plus âgée que toi (une vieille, comme ta sœur ou tes cousines ?). Peut-être ton égale à la maternelle, comme cette petite effrontée à la queue de cheval qui pleure lorsque tu la bouscules. Elle ignore encore combien, dans vingt ans, tu seras empressé auprès d'elle.

Ton premier coup de foudre t'est tombé sur la tête à trois ans. Très brève rencontre. Elle était blonde et rose, adorable.

Je te revois faire les travaux d'approche. Lui tourner autour avec la grâce pataude d'un Winnie l'Ourson. Lui offrir ton seau, ta pelle, une sucette à moitié mâchonnée qu'elle a accepté du bout des doigts, avec la grâce d'une princesse. Vous avez fabriqué quelques pâtés, elle bavarde, toi muet. Subjugué. Puis tu l'as prise par la main et tu l'as poussée vers moi en murmurant très vite :

— La voilà.

Dans tes yeux, il y avait à la fois du triomphe et de la gêne. Vous êtes ensuite repartis tous les deux vers un autre tas de sable.

Je sais qu'un jour la même scène, depuis longtemps oubliée par toi, se reproduira avec une autre. A ton regard, je devinerai que c'est Elle. L'Unique. La Seule. L'Adorée. Jusqu'à la prochaine.

Je n'aurai pas une pensée ni pour ma tante, ni pour ma grand-mère, ni pour Annette. Je l'accueillerai avec chaleur comme il se doit. Je ne lui demanderai pas ce que font ses parents, ni quelles études elle poursuit, ni dans quelle branche elle compte se diriger. Je ne chercherai pas à savoir d'où vient son nom de famille, ni quels prénoms elle veut donner à vos futurs bambins.

Je ne lui montrerai pas tes photos d'enfance, surtout celle, ma préférée, où tu es déguisé en clown. Je ne dirai pas que j'ai gardé ton ours fétiche, tes cendriers en plâtre peint confectionnés chaque année pour la fête des mères, et ton brevet de cent mètres brasse. Je ne lui préciserai pas que tu idolâtres les éclairs au café ni que tu as les bronches fragiles. Ni même que tu me téléphones tous les jours, y compris lorsque tu es en voyage.

Ce n'est pas l'envie qui va m'en manquer, mais je me tairai. Un peu trop émue pour parler. Et puis ce que j'aurai à dire ne sera pas pas ce que tu attendras de moi. Je me ficherai de savoir si tu vas enfin te caser. Je n'aurai pas non plus de relais à passer. Juste quelques souhaits à formuler tout bas.

Avec Elle, j'espère que tu vivras la passion. L'amour fou. Pour quelques heures, quelques semaines ou pour la vie, peu importe. Toutes ces choses qu'on ne voit que dans les films, qu'on ne lit que dans les romans et qui existent pour peu qu'on veuille bien les chercher. Courir sous la pluie, manger son chapeau, pleurer, rire, souffrir, se soûler de bonheur, de trop-plein d'émotions. La démesure. Rêves de midinette ? Possible. Mais c'est ce après quoi, tous, nous courons.

Ne t'économise pas. La vie n'a de raison d'être que si on oublie le raisonnable. Même si le réel te rattrape au tournant. Même si le quotidien se charge de baisser ta sono. Au moins auras-tu pris ce qu'il y avait à prendre.

Je détesterais que tu sois sage, bien-pensant, ennuyeux, réfléchi. Comme ces milliers de transparents qu'on croise sans les voir, qui passent à travers l'existence sans la vivre.

Pas toi. Pas mon fils.

Manger

Ton premier mot a été : « miam-miam ». Prémisses de maman, peut-être. Mais ce n'était plus moi que tu rêvais d'avaler. Depuis peu, tu en avais fini avec le lait maternel. Tu étais passé avec satisfaction à la compote.

De très loin, me revenaient les voix de mes grands-mères. Leur accent triomphant :

— Mange, mon fils, mange.

Je tendais la petite cuillère vers ta bouche. Tu te régalais. Et nous soupirions d'aise.

On me demandait de tes nouvelles. Je répondais en me rengorgeant :

— C'est un gourmand.

Je poussais avec joie la caricature.

A travers ces gestes simples, te préparer un repas, te servir, j'ai eu très vite le sentiment de rejoindre toutes les mères du monde. La carpe farcie de la yiddish mama et le couscous de la mère orientale, les spaghettis de la mère italienne et le poulet frit de la mère antillaise. Je revois ma grand-mère, tout le jour devant ses marmites. J'entends ses questions anxieuses :

— Elles sont bonnes mes boulettes ?

Elle vit seule aujourd'hui et s'en désole. Personne à qui offrir ses talents culinaires. Elle me téléphone, s'inquiète de savoir si j'ai bien déjeuné. Me donne des nouvelles de tous à travers un tour de table familial. Ma tante a préparé un couscous au poisson, mon oncle aurait souffert d'une indigestion. Quant à elle, son régime forcé la rend bien malheureuse.

Ma mère s'est mise à cuisiner sur le tard. Quand elle vient nous voir, elle s'installe aux fourneaux. A peine franchi le seuil de la maison, je devine qu'elle est arrivée avant moi. Ça sent l'ail frit, l'huile d'olive, l'oignon revenu, le laurier, la sauce tomate. Des odeurs qui ont bercé mon enfance. Nous préparer à manger est la meilleure preuve de sa tendresse.

L'amour passe par la nourriture, je le sais. En tout cas, c'est ainsi qu'on m'a élevée. Servir un enfant ou un homme, les regarder se régaler, quoi de plus délectable ?

Chez moi circulent des histoires célèbres qui toutes tournent autour du même thème. Mon grand-père Albert faisait flotter des petits bateaux de papier sur le bouillon du couscous de ma grand-mère qu'il trouvait trop léger. Il savait mieux que personne renifler un poisson, choisir des tomates, soupeser un melon. De lui, je tiens cet amour des marchés, cette jubilation devant l'odeur du cumin, du fenouil, des olives. D'eux tous, ce goût des maisons où flottent des effluves de bonne chère.

Enfant, je faisais la cuisine pour moi seule. Je dévorais les livres de cuisine. J'ajoutais des ingrédients, j'improvisais. Je mettais le couvert pour une personne. Quand c'était prêt, je me servais. Cérémonieusement. C'était la meilleure façon de m'aimer.

Il y a aussi les confitures de ton arrière-grand-mère lyonnaise. L'abricot et la courge barberine. Et le poulet à la crème de la mère de ton père. Tu adores décerner des premiers et seconds prix de cuisine. Je remporte la palme. Sans effort. La deuxième place est disputée par toutes tes grands-mères.

Comment les délices de la table ne te concerneraient-ils pas avec ces héritages ? Tu viens à la cuisine lécher les casseroles. Tu te renseignes sur le menu du jour. Tu me regardes faire. Tu demandes les recettes, rectifie une sauce, donne ton avis sur la cuisson. Tu as déjà un jugement sûr. Tu goûtes à tout. Tu te régales. Tu protestes quand il n'y a pas de dessert. Souvent nous nous installons à table tous les deux. J'annonce le menu :

— Ce soir, nous dînons chinois.

Tu es ravi, tu réclames des baguettes, tu te sers d'un air important de sauce au soja, tu demandes ce que sont ces drôles de champignons noirs. Puis nous jouons à notre jeu. Toujours le même.

— Dis-moi tes plats préférés ? Dans quel restaurant veux-tu que je t'emmène ?

Nous partons pour un tour du monde culinaire. Pizza et paella, sushis et riz cantonais, escalope milanaise et tarama. Nous rions, heureux de cette complicité-là.

Ta sœur est plus indifférente. Se nourrir est pour elle une fonction. Pour toi, c'est aussi important que jouer.

Ton grand-père, mon père, dit de toi :

— C'est un kiffeur.

Du mot kif, qui désigne le haschich en Orient, puis le plaisir de fumer, puis le plaisir tout court.

Plus tard, je te souhaite nombreux ces petits cadeaux que la vie nous concède. Une sieste au soleil, un bon cigare, l'odeur du lilas, le bleu de la mer, le rire d'un enfant, l'amour avec quelqu'un que tu aimes. Le moment présent avec intensité.

Je te regarde déguster et je sais. Je sais déjà que tu sauras les apprécier.

Fric

— Tu m'as acheté un cadeau ?

Une fois sur deux, c'est ainsi que tu m'accueilles. Ma fonction principale doit être de t'« acheter ». Jouets, livres, bonbons, peu t'importe. Tu me fais payer mon absence, mon travail, ta sagesse. J'obtempère, trop heureuse de pouvoir te faire plaisir.

Avant un sou était un sou. On gâtait peu les enfants. Tout se méritait. Les joujoux à Noël et aux anniversaires. Les beaux habits deux fois par an. Aujourd'hui que les mères ont moins de temps à consacrer aux enfants, elles se rattrapent par l'échange marchandise. Elles compensent ainsi ce qu'elles croient ne pas donner ailleurs. J'obéis au même système. Qui a commencé dès ta naissance.

— Est-ce qu'il va m'aimer ce soir alors qu'il ne m'a pas vue de la journée ?

Pour plus de sûreté, j'ai acheté. Une habitude vite consacrée. A présent, quand j'y déroge, tu t'indignes. J'essaie pourtant de ne pas faire de toi un enfant trop gâté. Je t'explique qu'on ne peut pas toujours tout avoir. Que je ne suis pas une vache à lait. Mes actes contredisent mes paroles.

Dans tes tiroirs, il y a de quoi habiller trois petits garçons du même âge. Dans tes coffres à jouets de quoi amuser une école entière. Et je ne parle pas du reste : les vacances au ski, à la mer, le cinéma, le restau, le Mac Do, le cirque, les cassettes vidéo, le poney-club, les livres, les disques, les derniers gadgets... A peine formulés tes désirs sont exaucés. Souvent même, j'anticipe. Enfant heureux égale enfant qui consomme.

Tu me demandes parfois pourquoi je travaille. Je réponds que ça me plaît, que j'aime ce que je fais. J'ajoute que je dois gagner de l'argent pour te faire vivre. Pour te donner tout ce que vous voulez. L'explication ne te satisfait qu'à moitié. Tu en prends ce qui t'arrange. C'est-à-dire tout ce que je t'offre.

A travers ces cadeaux, c'est une autre éducation de l'argent que je te donne. Bonne ou mauvaise, nous verrons à l'usage. Mais c'est comme ça que je fonctionne. Je claque, je brûle, je ne sais rien garder, rien posséder. Ni un toit, ni un bout de terre. Tout ce que j'ai part en fumée. J'aime la belle vie, la vie facile, les hôtels de luxe, les taxis, les cartes de crédit. Tu me crois riche. Je ne le suis pas mais j'aime tout ce qui brille. J'assume ce que ton père trouve souvent vulgaire. C'est ainsi. Je te fais aller à mon rythme. Je gagne ? Je dépense. Et quand je suis fauchée, nous faisons une pause. Je te l'annonce solennellement. Moins de fleurs, moins de vêtements, moins de jouets, moins de jolies vacances. Jusqu'à la prochaine aubaine financière que je m'acharne à faire arriver au plus vite.

Tu prends ces montagnes russes avec philosophie. Et ça m'enchante. Car ce n'est surtout pas le goût de l'argent que je veux te donner mais l'aisance devant ce qu'il procure. Je ne veux pas faire de toi un blasé mais t'inculquer la générosité. Pas te rendre accro à la consommation mais t'enseigner l'hédonisme.

De ma famille maternelle, de mon grand-père surtout et de ma mère, je tiens la démesure, les tables dressées pour vingt-cinq alors que nous ne sommes que trois, l'amour de la fête, de la dépense, du gaspillage. Quand j'étais enfant, nous n'avions pas toujours les moyens de le satisfaire. Je me suis rattrapée depuis avec une sorte de frénésie qui parfois confine à l'inconscience.

J'espère bien que mon côté cigale, par un retour du sort, ne va pas faire de toi une fourmi.

Enfance rose

J'entre dans ta chambre. Tu devrais dormir. Au lieu de ça, tu t'agites. J'ai raconté la dernière histoire, dispensé le dernier câlin, apporté le dernier verre d'eau. Nous avons passé en revue le programme de la journée prochaine. J'ai vérifié qu'il n'y avait personne sous le lit ni derrière les rideaux. C'est l'heure où tu repousses de toutes tes forces le sommeil.

A bouts d'arguments, je prends ma plus grosse voix :

— A cette heure-ci tous les enfants du monde dorment !

— Et tu les a tous réveillés...

Je te parle souvent des enfants du monde. A ton âge, j'étais obligée de terminer mes plats, eu égard aux petits Chinois. On me les dépeignait faméliques, se battant pour trois grains de riz. Combien de soupe ai-je avalée à leur place...

Les enfants des petits Chinois crèvent toujours de faim. Et d'autres malheureux les ont rejoints au sinistre hit-parade de la misère. Enfants prostituées thaïlandaises, enfants sidéens d'Afrique, enfants poubelles du Pérou, enfants squelettes d'Éthiopie, enfants mitraillettes du Liban, enfants autistes de Roumanie, enfants de la rue brésiliens...

La liste est hélas trop longue. On voudrait éteindre la télé, repousser les journaux, se boucher les oreilles, faire comme s'ils n'existaient pas. On voudrait qu'un chèque anonyme puisse nous racheter une conscience. On ne peut pas.

Là-bas l'enfance est sans valeur. Chez nous, elle n'a pas de prix. Tes désirs sont des ordres. Tu ne mesures pas et c'est tant mieux ta chance d'être né ici et maintenant, dans un pays qui n'a pas besoin de ton travail pour survivre, dans une famille qui t'aime, te rassure, te protège et t'assure avec joie le nécessaire comme le superflu. Depuis ta naissance, celle de ta sœur, il ne se passe pas de jours sans que je compare votre vie et la leur et que je prie secrètement pour que jamais vous ne connaissiez l'horreur.

Six ans, huit ans, quelquefois moins, pas beaucoup plus : ramasseurs de chiffons, trieurs d'excréments, casseurs de cailloux... Petites filles vendues, petits garçons renifleurs de colle, enfants battus, enfants martyrs. Tu es loin de tout ça et c'est pourtant si près.

Parfois aussi je cauchemarde sur d'anciens bruits de bottes. Je n'étais pas née, mais ils résonnent régulièrement dans ma tête. C'est toujours le même rêve à quelques variantes près. La Gestapo vient vous chercher et je ne sais pas quoi faire pour vous cacher. Quelquefois, c'est moi qu'on arrête. Et je suis obligée de vous laisser livrés à vous-mêmes, tout petits, tout seuls. Je me réveille en sursaut. Je suis glacée, tremblante. Je me lève pour vérifier que tout va bien.

Vous dormez, paisibles. Elle a repoussé ses couvertures, s'étale de tout son long sur le drap. C'est là que je mesure combien elle a grandi. Tu suces ton pouce, un doigt dans ton nombril. Vous êtes beaux et confiants. Tranquilles.

Je pense à la chanson de Goldman : *Comme toi*. Je pense aux enfants d'Izieu. Je pense à ces gamins oubliés par l'Histoire. Je pense à cette fillette kurde, pieds nus dans la neige. Je pense à tous ceux qui n'ont pas, comme vous, un univers peuplé d'ours en peluche, de petits poneys et de nuages roses.

A cette heure-ci, tous les enfants heureux du monde dorment et c'est moi qui suis réveillée.

Vieillir

— Est-ce que quand je serai grand, tu seras vieille ?

— Oui, sûrement.

— Alors quand tu seras vieille, essaie de ne pas être grosse.

Tu es très préoccupé par mon apparence physique. Tu me voudrais toujours belle, toujours conforme à cette image de jeunesse que je te renvoie. Tu me surveilles, c'est ton boulot. Tu protestes quand je me maquille trop.

— Pas de rouge à lèvres, ça te rend pas jolie.

Ou bien :

— Tu as trop de noir aux yeux, ça fait comme une dame.

Tu enfouis ton visage dans mon cou, tu renifles mon pull-over. Mon odeur te convient.

— Maman, tu sens bon.

Quelle empreinte vais-je laisser sur tes fantasmes d'adulte ? Pourtant, je ne ressemble guère aux schémas classiques de la mère sublime au sillage parfumé, dont l'évocation trouble encore tant de petits garçons devenus grands. Désolée. Tu ne deviendras pas un de ces grands couturiers ou stylistes qui, les yeux mi-clos, se souviennent des toilettes de leur maman et expliquent que leur passion des chiffons s'est déclenchée en la voyant se vêtir pour le bal. Je ne serai jamais cette égérie-là.

J'enfile plus volontiers le jean que la robe du soir. J'ai banni les talons hauts, les jupes droites, les porte-jarretelles, attirail peu pratique, tu me l'accorderas, pour t'emmener faire un tour au parc. Et puis ce n'est pas mon genre. Je porte les cheveux courts, j'évite le maquillage le jour. Je te donne un autre séréotype de mère : celui de la teen-ager prolongée. Et tant pis si j'ai passé l'âge.

Ta sœur râle souvent pour la forme :

— Mets tes lunettes quand tu viens me chercher à l'école, sinon on croit que t'es la baby-sitter.

Pour elle, c'est un reproche. Pas pour moi. Je me rengorge comme une vieille coquette.

Quand je suis penchée sur ton lit pour l'ultime baiser avant de t'endormir, tu ôtes doucement mes lunettes, lisse mes cheveux, dessine mon visage de ton doigt.

— Voilà, comme ça, tu es très belle.

Je ris. Nous rions. Tu veux m'embrasser encore. Tes lèvres glissent sur les miennes.

— Pas comme ça, je te l'ai déjà dit. Ces baisers-là seront pour tes amoureuses.

— Mais mon amoureuse, c'est toi.

Je proteste. Je sais bien que l'oncle Œdipe est en train de faire son œuvre. Que tous les petits garçons doivent en passer par là. Pauvre de toi. Tu crois ton amour unique et il est si banal.

Je vais vieillir. Cette idée, c'est normal, me panique. Je n'ai jamais cru que ça puisse m'arriver. Et je sais que je m'en rapproche. Je n'ai pas envie de changer de visage et depuis que tu es là, j'ai une raison de plus pour me révolter contre le temps. Je voudrais que tu sois fier de moi, très tard.

J'accepterai de sortir avec toi. Tu me présenteras à tes copains.

— C'est ma mère.

Je sourirai, je les ferai rire. Les filles m'admireront, les garçons rêveront de me séduire. Ils verront en moi l'incarnation de la « Femme ». Je ne les détromperai pas.

Rassure-toi. Je ne jouerai pas les vieilles dames indignes. Pas question de détourner tes petits camarades. Un rien de bienséance me retiendra malgré l'envie que j'en aurai. Mais je ne deviendrai pas une grosse mama aux fourneaux, heureuse que tu te délectes de mes cakes aux raisins ou de mes spaghettis incomparables. Je te promets de t'épater longtemps.

Plus tard encore, il ne sera même plus question de cela entre nous. Je serai carrément devenue une grand-mère. J'aurai du mal à marcher. Je m'appuierai sur ton bras. Je serai fière à mon tour. Je commencerai toutes mes phrases par la même rengaine.

— Mon fils, le docteur, a dit...

— Mon fils, l'académicien, a fait...

Car je ne doute pas un seul instant, malgré mes craintes, de la grandeur de ton destin. J'exagérerai. Je serai une mère un peu trop possessive pour la première fois de ma vie. Un peu trop à ton goût, je le sais. Je te téléphonerai trois fois par jour pour m'assurer que tu as bien déjeuné. Je serai avide de tous ces petits détails qui feront ta vie quotidienne. Mais quoi ? N'aurai-je pas été là à tous les moments, petits et grands, de ton existence ? Première dent, premier examen, premier diplôme, première fiancée, premier chagrin. Tu me devras bien cela.

Tu viendras me voir. Tu me diras de troquer mes jeans pour une robe. J'obéirai, recoifferai mes cheveux blancs. Un dernier coup d'œil devant la glace.

— Dis, mon fils, c'est vrai ? Tu veux bien sortir avec moi ?

Grandir

— Il paraît que c'est chiant de grandir. C'est un problème qu'on trimbale toute sa vie ensuite.

Ta sœur a un avis sur tout. Définitif, comme il se doit.

Bonheur

Longtemps j'ai eu envie que ma vie soit à l'image des images. Pas un pli. Pas une ride. Pas une vague. Je voulais des enfant parfaits, sages, bien coiffés, bien habillés, pas remuants. Je voulais une maison ordonnée, sans moquette tachée, sans fils électriques qui traînent. Je me voulais dans le décor, chaque chose à sa place, femme modèle, cliché figé.

J'ai rêvé ce que je n'étais pas. Aujourd'hui, je fonctionne à l'inverse. Famille cassée, à moitié réparée, plutôt bancale. Enfants débraillés, lacets dénoués, cheveux emmêlés, chocolat autour de la bouche. Et ça m'amuse.

On vit au jour le jour. Tant pis pour tout ce que j'avais voulu planifier. J'ai appris à m'en arranger. Je n'ai pas eu ce dont j'avais rêvé enfant. J'ai obtenu autre chose. J'avance différemment. Je sais que la vie ce n'est pas comme dans les livres. Pas comme dans ces magazines où les gens sur les photos semblent si heureux, si satisfaits.

Je ne supporte plus les mythes.

J'avais une idée très établie du bonheur. Définitive. J'ai cherché à la plaquer sur ma vie d'adulte. Ça n'a pas collé.

Aujourd'hui j'ai largué les amarres. Et ça me plaît.

Tout ce que je sais de l'existence, je l'ai acquis lentement. A mes dépens. Et je n'ai pas fini d'apprendre.

Tout ça pour te dire que je ne chercherai pas à t'inculquer de clichés. A te faire vivre dans les rêves. A te faire croire que le chemin est tout tracé. Je n'ai pas envie que tu succombes à l'illusion du bonheur à tout prix. Elle est souvent meurtrière.

Mais je ne veux pas t'effrayer. J'aime la vie parce qu'elle est pleine de surprises. Je voudrais que tu l'aimes aussi. Que tu possèdes comme moi, contre vents et marées, la petite flamme.

Je ne cherche pas à faire de toi l'Homme Idéal. Celui-là ne se trouve que dans les romans de gare et les sondages des journaux féminins. C'est un imposteur qui court depuis trop longtemps derrière sa stupide légende.

Son ombre te fera du tort. Combats-le et combats pareillement son Idéale Compagne. Comme lui, elle n'existe pas.

De même, je ne te transformerai pas en Prince Charmant juché avec panache sur son cheval blanc : son galop ne s'entend que dans les contes de fées et les histoires chuchotées aux petites filles. Mais lui aussi a la réputation tenace.

Je te souhaite simplement d'être bien dans ta peau, dans ton siècle, dans ce siècle des femmes. Pas largué ni démissionnaire. Pas dominé ni dominateur. Un homme de ton temps, à l'aise dans toutes les contradictions de l'époque, assez fort pour les surmonter, assez mobile pour les contourner. Elles ne sont pas minces, loin de là. Je prie pour que tu t'y retrouves.

Je pense te donner la meilleure plate-forme pour l'envol : une enfance bourrée d'amour. Tant pis si je ne suis pas une excellente éducatrice. Je fais de mon mieux, tu l'auras compris. Je n'ai ni conseils à dispenser, ni secrets. Ni recettes, ni trucs pour aborder l'existence. Un brin d'expérience, quelques réflexions, deux ou trois constatations plus tendres qu'amères et voilà tout. Prends ce bagage comme je te l'offre. Que vas-tu en retenir ? Peu, très peu. Et sans doute rien avant d'avoir toi-même beaucoup vécu.

Je sais que tu vas rencontrer des obstacles. Que grandir n'est pas de tout repos. C'est ainsi. Il faudra t'y faire. Je t'accompagnerai aussi loin que tu le désires. Tu peux compter sur moi.

Petit garçon, tu vogues vers l'an deux mille. Bon voyage.

Achevé d'imprimer en août 1991
sur presse CAMERON,
dans les ateliers de la S.E.P.C.
à Saint-Amand-Montrond (Cher)
pour le compte des Éditions Calmann-Lévy
3, rue Auber, Paris 9e
N° d'éditeur : 11730/01
N° d'imprimeur : 1930
Dépôt légal : septembre 1991